प्रागैतिहास

भारत का लोक इतिहास-1

भारत का लोक इतिहास-1

प्रागैतिहास

इरफ़ान हबीब

अनुवाद

प्रदीप कान्त चौधरी

राजकमल प्रकाशन

ISBN : 978-81-267-2518-2

मूल्य : ₹495

पहला संस्करण : 2005
पाँचवाँ संस्करण : 2022

प्रकाशक : राजकमल प्रकाशन प्रा.लि.
1-बी, नेताजी सुभाष मार्ग, दरियागंज
नई दिल्ली-110 002

शाखाएँ : अशोक राजपथ, साइंस कॉलेज के सामने, पटना-800 006
पहली मंजिल, दरबारी बिल्डिंग, महात्मा गांधी मार्ग, प्रयागराज-211 001
36 ए, शेक्सपियर सरणी, कोलकाता-700 017

वेबसाइट : www.rajkamalprakashan.com
ई-मेल : info@rajkamalprakashan.com

मुद्रक : बी.के. ऑफसेट
नवीन शाहदरा, दिल्ली-110 032

PRAGAITIHAS (PREHISTORY)
by Irfan Habib

विषय-सूची

तालिका, मानचित्र एवं चित्र

तालिका

मानचित्र

चित्र

आमुख

आपके हाथों में *प्रागैतिहास* पर जो यह पुस्तिका है, वह भारत में मानव जीवन के प्राचीनतम युगों की कहानी बयान करती है। यह उस युग की कहानी है, जिसके लिए लिखित दस्तावेजों से कोई रोशनी नहीं पड़ती। यह भारत का लोक-इतिहास (पीपुल्स हिस्ट्री ऑफ इंडिया) नामक एक बड़ी परियोजना का हिस्सा है, लेकिन इसे एक स्वतन्त्र पुस्तक के रूप में भी देखा जा सकता है। अध्याय-1 संक्षेप में भारत की भूगर्भीय संरचनाओं, मौसम में परिवर्तन तथा प्राकृतिक पर्यावरण (वनस्पति और प्राणी जगत), की उस हद तक चर्चा करता है, जहाँ तक हमारे प्रागैतिहास और इतिहास को समझने के लिए प्रासंगिक है। अध्याय-2 में मानव जाति की कहानी को पूरी दुनिया के सन्दर्भ में और फिर उसके अन्दर भारत के सन्दर्भ में पेश किया गया है। उसके औजार समूहों में परिवर्तन को औज़ार निर्माता लोगों के प्रकार के साथ जोड़कर देखा गया है। अध्याय-3 मूल रूप से खेती के विकास और उसके साथ-साथ शोषणकारी संबंधों की शुरुआत का वर्णन करता है।

इन तीनों अध्यायों में इस बात की कोशिश की गई है कि ताजातरीन सूचनाएँ, उपलब्ध प्रामाणिक ग्रन्थों और पत्रिकाओं से ही उद्धृत की जाएँ।

इस पुस्तक में तथा आगे आनेवाले लोक इतिहास के अन्य खंडों में यह कोशिश की गई है कि बिना चीजों को 'लोक लुभावन' अनुपयुक्त तथा आडम्बरपूर्ण बनाए शैली को सरलतम रखा जाए। तकनीकी शब्दों के प्रयोग को न्यूनतम रखा गया है और यह भी प्रयास किया गया है कि प्रत्येक तकनीकी शब्द का प्रयोग करते समय वहीं पर एक कामचलाऊ परिभाषा प्रस्तुत कर दी जाए। शब्द-संकेतों (एब्रीविएशन) के प्रयोग से भी, यदि आम पाठक के लिए उसका कोई खास अर्थ नहीं है तो, बचने की कोशिश की गई है। प्रत्येक अध्याय के अन्त में एक पुस्तक सूची टिप्पणी दी गई है जहाँ उस अध्याय के विषय पर और अधिक सूचना देनेवाली महत्त्वपूर्ण पुस्तकों और लेखों को संक्षिप्त टिप्पणियों के साथ दर्ज किया गया है। उद्धरणों के सन्दर्भ भी, यदि वे कहीं आए हैं तो यहीं दे दिए गए हैं। दुर्भाग्य से मेरे द्वारा उपयोग किए गए सभी प्रकाशित स्रोतों का पुस्तक सूची टिप्पणी में अलग-अलग उल्लेख नहीं किया गया है क्योंकि इसे अनिवार्यतया संक्षिप्त रखना ही ठीक था।

तकनीकी एवं विवादास्पद मसलों पर जहाँ खासतौर पर ध्यान देने की जरूरत थी, जैसे कि तिथिक्रम की समस्या अथवा विशेष सिद्धान्तों से सम्बन्धित मुद्‌दों पर विशेष

टिप्पणी दी गई है जिसे मुख्य पाठ में ही अलग से जोड़ दिया गया है। अतः अध्याय-1 में भूवैज्ञानिक युगों, अध्याय-2 मे प्रागैतिहास की तिथिक्रम निर्धारण विधि और अध्याय-3 में एक रेगिस्तानी नदी (सरस्वती) के विवाद पर एक टिप्पणी दी गई है।

यह आशा की जाती है कि तिथिक्रम तथा अन्य विषयों से सम्बन्धित तालिकाएँ, नक्शे तथा आँकड़े लाभदायक एवं अपने आप में काफी रोचक होंगे। नक्शों में दिखाई गई अन्तर्राष्ट्रीय सीमाएँ सर्वे ऑफ इंडिया के मानचित्रों में रेखांकित सीमाओं के अनुरूप हैं।

यहाँ यह स्पष्ट कर देना चाहिए कि 'मानव' शब्द का प्रयोग स्त्री और पुरुष दोनों के लिए सुविधा की दृष्टि से किया गया है। अतः इस प्रयोग से पुरुषों के लिए पक्षपात का भाव नहीं लिया जाना चाहिए।

'भारत' से हमारा अर्थ, यदि विशेष सन्दर्भ में कोई भिन्न बात नहीं कहीं गई हो तो, उस भू-भाग से है जो 1947 के पहले समझा जाता था। अर्थात आधुनिक भारत, बाँगला देश और पाकिस्तान का सम्मिलित भूखंड। 'दक्षिण एशिया' के अंतर्गत श्रीलंका, नेपाल और भूटान को भी शामिल किया गया है। 'भारतीय संघ' का अर्थ उस भारत से है जो 1947 के बाद इसकी सीमाओं के अन्तर्गत रहा है। अफगानिस्तान को भी बातचीत के क्रम में बार-बार शामिल किया गया है और आगामी खंडों में नेपाल पर भी चर्चाएँ होती रही हैं।

मैं मध्य प्रदेश राज्य पाठ्यपुस्तक निगम, भोपाल को अलीगढ़ हिस्टोरियन्स सोसाइटी की तरफ से उदारतापूर्वक अनुदान देने के लिए धन्यवाद करना अपना सुखद कर्तव्य समझता हूँ जिसके बगैर यह प्रयास पूरा नहीं हो पाता।

पाठ को विभिन्न प्रकार की गलतियों से मुक्त रखने के लिए इस पुस्तक के लेखन के तीन चरणों में विभिन्न मित्रों के बीच वितरित किया गया। मैं अपने कई मित्रों द्वारा टिप्पणी करने के लिए उनका आभारी हूँ, जिसके परिणामस्वरूप कथ्य और शैली दोनों में कई परिवर्तन लाए गए। प्रोफेसर सूरजभान ने उदारतापूर्वक पूरे पाठ को पढ़ा जिसके लिए मैं विशेष रूप से उनका आभारी हूँ। श्री सुदीप बनर्जी ने इस परियोजना को जमीन पर उतारने में हमारी बहुत मदद की। हमारी सोसाइटी की सचिव प्रोफेसर शिरीन मूसवी ने विभिन्न प्रकार के प्रबन्ध कार्य किए। श्री मुनिरुद्दीन खाँ ने पाठ की प्रति को सावधानीपूर्वक तैयार किया और बीच-बीच में लगातार किए गए परिवर्तनों को बहुत ही विनम्रतापूर्वक अंजाम दिया।

फैज हबीब और उनके वरिष्ठ सहयोगी श्री जहूर अली खाँ ने कुल मिलाकर आठ नक्शे तैयार किए, जो इस पाठ में शामिल हैं। इनकी शुद्धता सुनिश्चित करने के लिए काफी प्रयास किया गया है। यह गौर किया जाना चाहिए कि नक्शा संख्या 1.4, 2.1, 2.2 और 3.1 में काफी शोध अन्तर्निहित है।

मैं तूलिका के श्री राजेन्द्र प्रसाद और सुश्री इन्दिरा चन्द्रशेखर का सतत सहयोग के लिए खासतौर पर शुक्रिया अदा करना चाहता हूँ। विशेष रूप से राजेन्द्र प्रसाद जी का, जिन्होंने हर तरीके से मेरी मदद की।

–इरफान हबीब

1

भारत की भू-आकृतिक विशेषताओं और प्राकृतिक पर्यावरण की रचना

1.1 भारत की भूवैज्ञानिक संरचना

अतीत की कहानी के रूप में इतिहास मूलतः बदलावों की दास्तान होती है। हम अपने आसपास लगातार होने वाले परिवर्तनों को सतत महसूस करते रहते हैं। एक लम्बे समय के दौरान, न केवल मनुष्य की जीवन शैली, बल्कि उसकी भाषा, रीति-रिवाज, विश्वास और चिन्तन शैलियों में भी बदलाव आते रहे हैं। तकरीबन डेढ़ सौ साल पहले चार्ल्स डार्विन ने यह दिखलाया कि (मानव समेत) सभी जातियों में लाखों-करोड़ों वर्षों से होनेवाले परिवर्तनों की प्रक्रिया के फलस्वरूप बदलाव और विकास होते चले आए हैं। और डार्विन से पहले ही यह तथ्य भी स्थापित हो चुका था कि इस लम्बे समय के दरम्यान पृथ्वी की बाहरी सतह में भी भारी बदलाव आए हैं। हालाँकि यहाँ यह ध्यान रखना चाहिए कि लम्बे समय का अर्थ लाखों-करोड़ों सालों से है।

स्वयं पृथ्वी की रचना की तारीख ही अब आमतौर पर 460 करोड़ वर्ष पूर्व आँकी जाती है। रेडियोधर्मिता की मदद से पृथ्वी की सतह पर मौजूद सबसे पुरानी चट्टानों की उम्र 398 करोड़ वर्ष के करीब आँकी गई है। अतः भूवैज्ञानिक काल की दृष्टि से यह 'आर्कियन महाकल्प' (400-250 करोड़ वर्ष पूर्व) के अन्तर्गत आता है। इसी काल में अल्गी और बैक्टेरिया के रूप में जीवन का भी पहली बार उद्‌भव हुआ। जिस समय एक तरफ जीवन का विकास विभिन्न स्वरूपों में हो रहा था, उस समय भी पृथ्वी की सतह या 'भूपृष्ठ' में सतत बदलाव हो रहे थे। एक सिद्धान्त के मुताबिक पृथ्वी का आकार लगातार बढ़ रहा है (और इसके साथ ही, इसका घनत्व भी घट रहा है)। इसके परिणामस्वरूप इसका वर्तमान व्यास, इसके मौलिक व्यास का तकरीबन दो-तिहाई गुना ज्यादा बड़ा है। इसका मतलब यह हुआ कि पृथ्वी की सतह इन 400 करोड़ सालों के दौरान, जिसमें जीवन पनप रहा था, लगातार बढ़ती ही रही थी। इसका एक सबूत यह है कि जो भूखंड अब दूर-दूर तक फैल गए हैं वे कभी एक ही भूपरत के अंग थे। यह विचार खासकर इस तथ्य पर आधारित है कि चट्टानों के पुराचुम्बकत्व

(पैलियो-मैगनेटिज्म) की दिशा स्थितियाँ (यानी उनका ध्रुवीय पथ) एक-दूसरे के समान तभी होती हैं जब ये किसी समय एक-दूसरे के काफी समीप रहे हो। भूपटलों के परस्पर जुड़ाव की बात (जैसा कि अफ्रीका और दक्षिण अमेरिका के बीच) 'महाद्वीपीय अपसरण' (कांटीनेंनटल ड्रिफ्ट) के पुराने सिद्धान्त पर आधारित है। इस सिद्धान्त के मुताबिक वर्तमान भारत, दक्षिणी गोलार्ध में स्थित 'गोंडवानालैंड' नाम से उल्लिखित एक विशाल महाद्वीप का हिस्सा माना गया है। गोंडवानालैंड (मध्यभारत की गोंडवाना चट्टानों से यह नाम लिया गया है) में अनुमानतः भारत, आस्ट्रेलिया, एंटार्कटिका, अफ्रीका और दक्षिण अमेरिका शामिल थे। एक समय में भारत इस विशाल महाद्वीप का अंग था इस तथ्य की पुष्टि इस बात से भी होती है कि इन सभी क्षेत्रों में समरूप प्रजातियों के

मानचित्र 1.1

23 करोड़ वर्ष पूर्व विश्व

जुरासिक काल (14.4 करोड़ वर्ष) के बाद भूखंडों का अपसरण : ⟶
भारत की लंबी यात्रा पर गौर करें

जीवाश्म (यानी चट्टानों में जीवों के अवशेष के निशान) काफी संख्या में मिले हैं। जुरासिक काल (14.40 करोड़ वर्ष पूर्व) के बाद इस विशाल महाद्वीप के विभिन्न हिस्से अनुमानतः एक-दूसरे से अलग होने लगे थे। ऐसा लगता है कि उसके बाद कम-से-कम आस्ट्रेलिया और शेष भूभागों के बीच ऐसी समानता समाप्त होने लगी। इयोसीन काल (5.80 से 3.70 करोड़ वर्ष पूर्व) के दौरान किसी समय भारतीय भूखंड को बनाने वाला हिस्सा उत्तर की ओर बढ़कर यूरेशियाई महाद्वीप (यानी वह भूखंड जिसमें एशिया और योरोप का अधिकांश वर्तमान भूभाग शामिल है) से आकर सट गया (देखें, मानचित्र 1.1)

ऐसे विशाल भूखंड के बिखराव की प्रक्रिया का कारण अब कुछ हद तक समुद्री तल के विस्तार को माना जाता है। समुद्र तल पर स्थित पर्वत श्रेणियों के अध्ययन से

मानचित्र 1.2

विवर्तनिक पटलों की सीमाओं के साथ 6.5 करोड़ वर्ष पूर्व 'भारत'

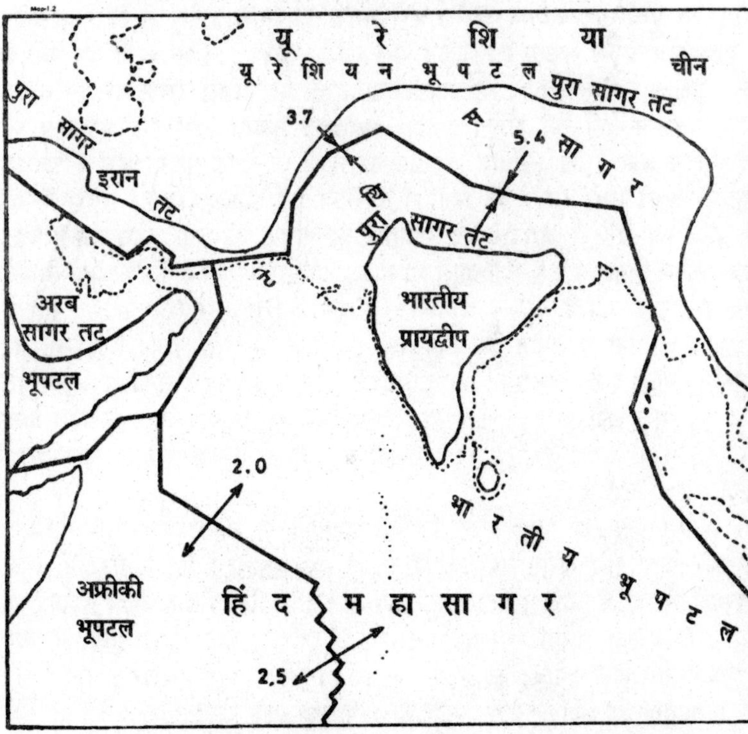

←—|—→ सें. मी. में दूर जाते भूपटलों की गति ——— पुरा सागर तट

—→|←— सें. मी. में निकट आते भूपटलों की गति - - - - वर्तमान सागर तट

पता चलता है कि इस प्रक्रिया के दौरान भी भूमि पर समुद्र तल का दबाव निरन्तर बना हुआ था। यह प्रक्रिया विवर्तनिक पटलों (टेकटानिक प्लेट) के निर्माण से भी जुड़ा हुआ है। फिलहाल उपलब्ध जानकारी के मुताबिक भारत, ऑस्ट्रेलिया और हिन्द महासागर मिलकर एक भूपटल बनाते हैं। यह भारतीय पटल पश्चिम में अफ्रीकी पटल और उत्तर में यूरेशियाई पटल पर दबाव डालता है। ये पटल 'एस्थेनोस्फेयर' नामक एक परिकल्पित निचली नरम परत पर स्थित है और यदि ये परस्पर दबाव डालकर एक-दूसरे को न रोके रखें तो सभी पटल बहक जाएँगे। एक तरफ 'अभिसारी' और दूसरी तरफ 'अपसारी' गति से सन्तुलित होते हुए इन पटलों के बीच का घर्षण, भ्रंश रेखा (फॉल्ट लाइन) पर जमीन को या तो ऊपर की ओर उठाकर या फिर नीचे दबाकर निरन्तर उनका आकार बदलता रहता है। (देखें, पृष्ठ 12 पर मानचित्र 1.2)

इन विभिन्न आवेगों के प्रभाव में आकर भूआकृति और समुद्री सीमाएँ निरन्तर बदलती रही हैं। इसी वजह से हमारे लिए मोटे तौर पर भी यह कहना मुश्किल हो जाता है कि इस पृथ्वी पर वर्तमान रूपरेखावाले भारत को निश्चित रूप से किस कालखंड के बाद पहचाना जा सकता है। लेकिन पैलियोजोइक कल्प (24.80 करोड़ वर्ष पूर्व) के अन्त तक आते-आते दक्कन या प्रायद्वीपीय भारत का आकार इसके वर्तमान स्वरूप से बहुत भिन्न नहीं रहा होगा। इसका आधारतल मुख्यतः आर्कियन महाकल्प की चट्टानों से बना है जो भारतीय प्रायद्वीप को पृथ्वी के सबसे पुराने और भूवैज्ञानिक दृष्टि से सबसे स्थिर भूखंड की श्रेणी में ले जाता है। दरअसल, इसके उत्तरी किनारे पर ऊर्ध्व रूप से जुड़ी अरावली की पहाड़ियों को दुनिया की ऐसी सबसे पुरानी पर्वत शृंखलाओं में गिना जाता है—जो आज भी मौजूद है। पुरानी दक्कन की चट्टानों में कोई जीवाश्म मौजूद नहीं है, लेकिन कॉर्बोनीफेरस युग (32 से 28.60 करोड़ वर्ष पूर्व की गोंडवाना चट्टानों में जमीन पर पनपनेवाले जीवों के जीवाश्म मौजूद हैं। इससे यह अनुमान लगता है कि तकरीबन 30 करोड़ वर्ष पहले तक दक्कन समुद्र से अलग पूरी तरह एक भूखंड का स्वरूप ले चुका था। निम्न क्रेटेशियस काल के अन्त से पहले यानी तकरीबन 9.80 करोड़ वर्ष पूर्व की गोंडवाना चट्टानों से डायनोसोरों या महासरीसृपों के जीवाश्म मिलते हैं।

हिमालय शृंखला और साल्ट रेंज की चट्टानों में मिलनेवाले समुद्री जीवाश्म कैम्ब्रियन काल (57 करोड़ वर्ष पूर्व) के हैं, जो यह बताता है कि ये चट्टानें समुद्री अवसादों से बने हैं और जहाँ पर अभी हम हिमालय पर्वत शृंखला देखते हैं वहाँ पर कभी समन्दर हुआ करता था। यह सम्भवतः भूवैज्ञानिकों द्वारा टेथिस सागर के नाम से पुकारे जाने वाले समन्दर का हिस्सा था, जो अनुमानतः भूमध्यसागर से लेकर चीन तक फैला हुआ था। हिमालय में समुद्री जीवाश्म मेसोजोइक काल (6.5 करोड़ वर्ष पूर्व) के अन्त तक मिलते हैं। और पश्चिमी राजस्थान और कच्छ से मिले समुद्री जीवाश्म जुरासिक काल (21.30 से 14.40 करोड़ वर्ष पूर्व) के हैं, जिससे लगता है कि ये भूखंड भी समुद्र से ढके रहे होंगे।

क्रेटेशियस काल (14.40 से 6.5 करोड़ वर्ष पूर्व) में गुजरात और दक्कन के उत्तर-पश्चिमी भागों में ज्वालामुखी के विस्फोटों का भारी प्रकोप रहा होगा, जिससे बह निकलनेवाला लावा और राख की परतों—'दक्कनी लावा' या 'डेक्कन ट्रैप'—से पाँच लाख वर्ग किलोमीटर से ज्यादा क्षेत्र भर गया। तृतियक (टरशियरी) काल (6.5 करोड़ वर्ष पूर्व) की शुरुआत और खासकर इयोसीन काल में हिमालय बढ़ने लगा। यह एक महत्त्वपूर्ण विकास था जो मायोसीन काल (2.5 करोड़ से 50 लाख वर्ष पूर्व) तक जारी रहा। मायोसीन काल के दौरान ही कपि समूहों (एप्स) का सबसे पहले आविर्भाव हुआ। यह माना जाता है कि हिमालय और उससे सम्बन्धित पर्वत शृंखलाओं का विकास यूरेशियाई पटल पर भारतीय पटल के दबाव के फलस्वरूप उभरनेवाली चट्टानी परतों से हुआ है।

हिमनदों और नदियों के जरिए हिमालय से बहकर आनेवाली टूटी चट्टानों और कछारी मिट्टी (अलूवियम) से हिमालय की तराई में शिवालिक की पहाड़ियों का निर्माण हुआ। द्वितीयक शैल निर्माण की ऐसी प्रक्रिया सम्भवतः दस लाख वर्ष पूर्व तक जारी रही। इसके साथ-ही-साथ हिमलाय से जलधाराओं के जरिए बहकर आनेवाली कछारी मिट्टी भी शिवालिक के तलहटी में जमा होती रही, जिससे अत्यन्त नूतन युग (प्लीस्टोसीन, 18 लाख से 10,000 वर्ष पूर्व तक) तक आते-आते टेथिस सागर, जो यहाँ 2000 से 6000 मीटर तक गहरा था, पूरा भर गया और सिन्धु तथा गंगा-ब्रह्मपुत्र नदियों की विशाल कछारी घाटियाँ बनीं।

1.2 मानव के आगमन के बाद भारत की भू-आकृति

अत्यन्त नूतन युग (प्लीस्टोसीन) के भूवैज्ञानिक काल की शुरुआत से ठीक पहले, लगभग 20 लाख साल पहले साल्ट रेंज (पाकिस्तान) और शिवालिक की पहाड़ियों (भारत) में आरम्भिक मानव (होमो हैबिलिस या होमो इरेक्टस) का आर्विभाव हुआ। हालाँकि उस समय भी भारत की भूवैज्ञानिक विशिष्टताएँ मोटे तौर पर आज से मिलती-जुलती ही थीं, पर शिवालिक में चट्टानों के जमने जैसी कुछ प्रक्रियाएँ अब भी जारी थीं। ऐसे ही कुछ और परिवर्तन प्लीस्टोसीन काल के दौरान होते रहे। यह सच है कि भारत के मुकाबले विश्व के अन्य भागों पर निरन्तर चलनेवाले हिमाच्छादन (हिमयुग) के दौरों का असर कहीं ज्यादा पड़ा। ये हिमयुग ही तकरीबन 20 लाख वर्षों तक चलनेवाले प्लीस्टोसीन युग की विशेष पहचान हैं। हिमयुग के दौरान उत्तरी योरोप और एशिया के बड़े भूभाग बर्फ से ढके हुए थे तथा हिमनद (ढालों, घाटियों और नालों से होकर बह निकलनेवाले बर्फ के टुकड़े) और भी विशाल एवं लम्बे हो गए थे। ऐसे युग में हिमालय की चोटी से लेकर समुद्रतल से 1800 मीटर ऊँचाई तक का इलाका बर्फ की चादर से ढक गया था, जबकि आज बर्फ समुद्रतल से 4000 मीटर ऊँचाई तक ही फैली हुई है। बाद में हिमालय के हिमनदों ने उन नदियों के विशाल ऊपरी हिस्से

को पूरी तरह हिमाच्छादित कर दिया, जिनमें किसी समय हिमनदों का बर्फ पिघलकर जल प्रवाहित हुआ करता था। इसकी वजह से ये हिमनद समुद्रतल से 1400 मीटर के भूतल तक बढ़कर आ गए। इन बिन्दुओं को अब सात्रिक हिमोढों (टर्मिनल मोरेन) या हिमनदों द्वारा इकट्ठी की गई मिट्टी और चट्टानों द्वारा पहचाना जा सकता है। हिमनदों ने चट्टानी रुकावटों को हटाकर, गहरी खाई बनाकर और यहाँ तक कि पहाड़ियों को घर्षण से समतल बनाकर जिस तरह भूआकृति की रूपरेखा को बदल दिया है, उनमें इस प्रक्रिया के निशान देखे जा सकते हैं।

पूरी दुनिया की तरह ही भारत में भी प्रत्येक हिमयुग में हिमाच्छादन का एक प्रमुख परिणाम यह हुआ कि समुद्र तल में भारी गिरावट आ गई, क्योंकि उत्तरी अमेरिका और उत्तर पश्चिमी योरोप के विशाल हिम खंडों में जल की बहुत बड़ी मात्रा जम कर अटक गई थी। यह विश्वास किया जाता है कि परवर्ती प्लीस्टोसीन के अन्तिम हिमयुग में समुद्रतल आज के स्तर से करीब 100 से 150 मीटर नीचे था। हिमयुगों में समुद्र तल के इस प्रकार नीचे चले जाने का परिणाम यह हुआ कि कच्छ की खाड़ी और कैम्बे की खाड़ी दोनों ही शुष्क भूमि के विस्तार बन गए। एडम्स ब्रिज के इर्द-गिर्द एक चौड़ी भूपट्टी द्वारा श्रीलंका दक्षिण भारत से जुड़ गया तथा उत्तरी, मध्य और दक्षिणी अंडमान द्वीप समूह मिलकर एक ही टापू बन गए। इस प्रकार के भूसेतु ने होमोनीडों और हमारी अपनी प्रजाति के आरंभिक सदस्यों तथा पशुओं को ऐसे इलाकों तक पहुँचने में मदद की जो आज टापू बन गए हैं। बहरहाल, असंख्य अन्तराहिमानियों (इंटगयेशियल) के दौरान जब गर्मी वापस आती थी तो समुद्र तल फिर से ऊपर उठकर वापस पुराने भूखंडों पर छा जाता था। ऐसा ही 10,000 साल पहले होलोसीन नामक हमारे वर्तमान युग की शुरुआत के समय हुआ। सिर्फ विशाल नदियों के मुहानों (डेल्टा) पर ही इन अन्तराहिमानियों के दौरान समुद्र तल का विस्तार कम दूर तक होता था। कुछ विशेष रूप से गर्म अन्तराहिमानी कालों में समुद्र तल आज के तल से भी कहीं ज्यादा ऊपर चला जाता था। प्रवाल-निक्षेपों के एक अध्ययन से पता चलता है कि आज से करीब 1,20,000 वर्ष और फिर 30,000 वर्ष पूर्व समुद्रतल आज से काफी ऊँचा था। होलोसीन युग के अन्दर भी, जो दरअसल वर्तमान अन्तराहिमानी ही है, आज से 5000 साल पहले समुद्र तल आज से तीन मीटर ऊपर तक पहुँच गया था। ऐसी स्थितियों में, कच्छ का मैदान समुद्र का एक मौसमी और छिछली उपरवाड़ी का रूप ले सकता था।

बर्फ की चादरों और समुद्र तटों में परिवर्तनों के बावजूद, होने यह अवश्य याद रखना चाहिए कि भारतीय भूखंड का निर्माण करनेवाले तीनों संघटक क्षेत्र प्लीस्टोसीन काल में भी उन्हीं अक्षांशों पर स्थित थे, जिन पर वे आज मौजूद हैं और उनकी सीमाएँ तथा ऊँचाइयाँ भी मोटे तौर पर वही थीं

ये क्षेत्र हैं :

(1) दक्षिणी क्षेत्र या प्रायद्वीपीय खंड, जिसका वर्तमान रूपाकार बहुत पहले ही निर्धारित हो चुका था और इसका अपेक्षाकृत ऊँचा किनारा पश्चिम में स्थित था जहाँ

से पठारी ढलान पूरब की ओर फैलता था।

(2) उत्तर का समतल मैदान, जो हिमालयम से बहकर आई कछारी मिट्टी से बना था। अरावली पर्वतमाला के पर्वत-स्कन्ध उत्तर-पूर्व की ओर फैले हुए थे जो इस समतल मैदान को दो प्राकृतिक भागों में बाँटती थी, एक सिन्धु घाटी और दूसरा गंगा घाटी।

(3) पूरे उत्तरी भाग में फैला हिमालय, जिससे निकली शृंखलाएँ पूरब से लेकर पश्चिम तक फैली हुई थी और समुद्र के अन्दर तक चली जाती थी।

इसके बावजूद प्लीस्टोसीन (18 लाख वर्ष पूर्व, के अन्तिम चरण और आखिरी हिमयुग से पहले के भारत का भूआकृतिक मानचित्र आज के मानचित्र से काफी अलग रहा होगा। मसलन, उत्तरी मैदान में बहनेवाली नदियों के बाहव में आज की तुलना में काफी अन्तर रहा होगा। एक समय में यह तर्क भी दिया जाता रहा है कि सिन्धु तथा गंगा-ब्रह्मपुत्र नामक दो प्रमुख नदी प्रणालियों के बजाय उत्तर भारत में एक संयुक्त नदी प्रणाली थी जिसे सिन्धु—ब्रह्म (इंडो-ब्रह्म) या 'शिवालिक' नदी का नाम दिया गया। यह कहा जाता कि यह नदी पूरब से पश्चिम की तरफ बहती थी और फिर दक्षिण की ओर मुड़कर अरब सागर में गिरती थी। परन्तु ऐसे सिद्धान्त अमान्य हो गए हैं। लेकिन कम-से-कम इतना तो निश्चित है कि या तो कभी यमुना नदी बहकर सिन्धु में जाकर मिलती थी या फिर सतलज आकर यमुना में मिलती थी। इसके पीछे एक सहज तर्क यह है कि सिन्धु और गंगा दोनों में पाई जानेवाली डाल्फिन मछलियों की प्रजातियाँ एक ही हैं। ऐसा तभी सम्भव हो सकता था जब पिछले दस लाख सालों में इन दोनों में से किसी की एक प्रमुख सहायक नंदी या तो गंगा से खिसककर सिन्धु में मिल गई या फिर सिन्धु से खिसककर गंगा में मिल गई हो।

जिस भूवैज्ञानिक काल में आज हम हैं उसे नूतनतम युग या होलोसीन के नाम से जाना जाता है। इसकी शुरुआत 10, 000 साल पहले प्लीस्टोसीन युग के अन्तिम हिमाच्छादन के समाप्त होने के बाद हुई। इस अवधि में भारत का भूआकृतिक मानचित्र (देखे मानचित्र 1.3) काफी स्थिर रहा है। इसकी भूआकृतिक रूपरेखाओं (औसत समुद्र तल के ऊपर ऊँचाई की रेखाओं), समुद्र तटों और नदी प्रणालियों में अपेक्षाकृत काफी छोटे परिवर्तन ही हुए हैं। अगर सिंचाई के कारण नदियों के सूख जाने, बाँधों और नहरों के कारण बड़ी-बड़ी झीलों के तैयार होने, चट्टानों को काटने और विस्फोटों के जरिए उन्हें तोड़ने में इंसान के हाथ होने की बात को भुला दिया जाए, तो जमीन पर बदलाव लानेवाला एक अन्य प्रमुख कारक भूकम्प ही रहा है। ये भूकम्प मुख्य रूप से विवर्तनिक (टेक्टोनिक) पटलों के एक-दूसरे से टकराने के कारण उत्पन्न होनेवाले दबावों और उसके फलस्वरूप अत्यधिक मात्रा में होनेवाले घर्षणों के कारण आते हैं। हिमालय भी भ्रंश रेखाओं (फाल्ट लाइन) की एक ऐसी ही शृंखला के साथ सटा हुआ है और इसकी विवर्तनिक (टेक्टोनिक) गतिविधियाँ हिमालय को ऊपर की ओर धकेलती रही हैं और सम्भवतः ये अब सक्रिय हैं। सन् 1897 में आसाम में आए भूकम्प ने पहाड़ियों की ऊँचाइयों और उनकी सापेक्षिक स्थितियों को भी बदल दिया था। उसी क्षेत्र में सन् 1950

में आए एक अन्य भूकम्प के भी कुछ ऐसे ही परिणाम हुए थे। सन् 1819 में गुजरात के कच्छ में आए एक भूकम्प के कारण कच्छ के मैदान का एक भाग समुद्र के नीचे डूब गया और 3 से 5.5 मीटर ऊँचा तथा 80 किलोमीटर लम्बा नहर (अल्लाह बंद) निकल आया। उसी इलाके में जनवरी, 2001 में आए हाल के भूकम्प ने कच्छ के मैदान के विभिन्न भागों के भूतलों को एक बार फिर प्रभावित किया है।

होलोसीन के दौरान समुद्र तटों में भी काफी परिवर्तन हुए है : जमीन पर समुद्र का लगातार दबाव बने रहने के कारण धीरे-धीरे जमीन समुद्र के अन्दर सामने लगती है। उदाहरण के लिए मुम्बईद्वीप के पूरब में निम्न जल चिह्न के नीचे चार मीटर की गहराई तक समुद्र में डूबे हुए पेड़ पाए गए हैं। इसी प्रकार सौराष्ट्र तट की उत्तर पश्चिमी नोक पर स्थित द्वारका में समुद्र के नीचे सिन्धु घाटी सभ्यता के कुछ डूबे हुए अवशेष प्राप्त हुए हैं। कछारी मिट्‌टी जमा करनेवाली नदियों के मुहानों का फैलाव आमतौर पर समुद्र की ओर होता रहता है। परन्तु यह सभी दिशाओं में बराबर-बराबर या नियमित रूप से नहीं होता है। जहाँ नदी की मुख्यधारा गिरती है, वहाँ तो भूमि का विस्तार होता है परन्तु ठीक उसी समय किसी और जगह नदी द्वारा जमा की गई कछारी मिट्‌टी को समन्दर काट लेता है। बाँगला देश के गंगा-ब्रह्मपुत्र डेल्टा में इस साल मौजूद टापूओं के बनाए गए मानचित्र अगले साल भी वैसा ही रहे यह कोई जरूरी नहीं। फिर भी कुल मिलाकर देखें तो बड़ी-बड़ी नदियों के मुहाने की सीमाएँ भी उतनी तेज रफ्तार से भी नहीं फैलती हैं, जितनी कि कुछ मानचित्र निर्माताओं (उदाहरण के लिए श्वाजबर्ग) ने दिखाने की कोशिश की है। मिसाल के लिए थर्रों और कूँज नामक सिन्धु घाटी सभ्यता के स्थल, सिन्धु नदी के मुहाने के पास समुद्र तट के पिछले 4000 सालों में 40 या 60 किलोमीटर से ज्यादा बढ़ने की बात की पुष्टि नहीं करते। बल्कि सच तो यह है कि इनकी वास्तविक अग्रगति शायद बहुत ही कम रही होगी।

जहाँ तक नदियों का सवाल है, पहाड़ों और पहाड़ी घाटियों में उनके पथ बहुत संकीर्ण दायरों के अन्दर ही स्थिर रहे। उत्तरी भारत के कछारी मैदानों में भी, होलोसीन के दौरान इन नदियों के बहाव मार्गों में काफी कम हेर-फेर हुआ। पूर्व में साल्ट रेंज और पश्चिम में सुलेमान रेंज के बीच सिन्धु नदी का बहाव-पथ स्थिर रहा है। इसी प्रकार, अपने ऊपरी बहाव के रास्तों में गंगा और यमुना नदियों ने आसपास के मैदानों के नीचे अपने घाट इतने गहरे कर लिए हैं कि यह मानना मुश्किल लगता है कि पिछले 10,000 या उससे अधिक सालों के दौरान ये इससे अलग किसी रास्ते से बहती रही होंगी। जैसा कि छोटी-छोटी नदियों और नालों के बहावों की दिशा से इंगित होता है, आमतौर पर नदियाँ अपनी रूपरेखा या मौजूदा बहाव रेखा के विपरीत नहीं बह सकतीं। इसके बावजूद पिछली सहस्राब्दि के दौरान, सिन्धु-गंगा घाटी के मैदान की कुछ नदियों के बहाव के रास्ते काफी स्पष्ट तौर पर बदले हुए दिखाई देते हैं। रावी नदी पहले मुल्तान के पूर्व में बहा करती थी, पर सोलहवीं शताब्दी से कुछ पहले यह मुड़कर मुल्तान के उत्तर में बहनेवाली चेनाव नदी में गिरने लगी और वह आज तक ऐसे ही बह रही

है। व्यास नदी सतलज के साथ मिलकर बहते-बहते, एक बार अलग होकर इसके उत्तर की ओर बहने लगी और सत्रहवीं सदी में जाकर उसने यह रास्ता फिर छोड़ दिया। बिहार में कोशी नदी एक बहुत बड़े क्षेत्र में अपना बहाव मार्ग बदलते रहने के लिए बदनाम रही है। बंगाल में तिस्ता नदी अठारहवीं सदी में गंगा की ओर अपने बहाव को बदलकर ब्रह्मपुत्र में जाकर गिरने लगी। जबकि ब्रह्मपुत्र अपनी मुख्य घाटी (जिसका नाम अब भी वही है) के एक प्रमुख पूर्वी रास्ते को छोड़कर अब लगभग पूरे दक्षिण की ओर बहती हुई गंगा से मिलती है।

दक्कन के प्रायद्वीप में पठार पर बहनेवाली नदियों की घाटियाँ सामान्यतया लंबी और संकीर्ण हैं, इसलिए इनके बहावों में परिवर्तन केवल समुद्र तटों के पास ही मुमकिन हैं। कावेरी नदी का बहाव काफी दूर तक स्थिर रहने के बाद तिरुचिरापल्लि के पास दो शाखाओं में बँट जाती है; इनमें से कोलरून आज मुख्य नदी है। जबकि इससे पहले दूसरी शाखा जिसका नाम अभी भी कावेरी ही है, इस नदी की शायद मुख्य घाटी हुआ करती थी।

1.3 जलवायु

हमने देखा कि 'महाद्वीपीय अपसरण' (कांटीनेन्टल ड्रिफ्ट) रुकने और भारत के प्रमुख भू-भाग की रूपरेखा बनने के बाद प्लीस्टोसीन युग की शुरुआत से कुछ पहले (यानी लगभग 20 लाख वर्ष पूर्व) भी भारत बिल्कुल उतनी ही अक्षांश पर स्थित था जितनी पर यह आज स्थित है। अक्षांश ऐसी काल्पनिक समान्तर रेखाएँ होती हैं जो भूमध्यरेखा (यानी 0^0 अक्षांश, जो अक्षांश की सबसे लम्बी रेखा होती है) तथा दोनों ध्रुवों (यानी 90^0 उत्तर और 90^0 दक्षिण, जो मात्र बिन्दु भर हैं) के बीच के स्थानों को बाँटती हैं। चूँकि भूमध्यरेखा के नजदीकवाले क्षेत्रों में, दोनों ध्रुवों के नजदीकवाले क्षेत्रों की तुलना में सूरज की किरणों की मात्रा बहुत अधिक होती है, इसलिए न्यूनतर संख्यावाले अक्षांशों के बीच पड़नेवाले तथा भूमध्य रेखा के अपेक्षाकृत करीबवाले देशों में, उच्चतर संख्यावाले अक्षांशों तथा उत्तर एवं दक्षिणी ध्रुव के अपेक्षाकृत करीबवाले देशों की तुलना में गर्मी ज्यादा पड़ती है। भारत का मुख्य भूभाग 8^0 उत्तर अक्षांश तथा करीब 37^0 उत्तर अक्षांश के बीच पड़ता है, और चूँकि ये दोनों ही 'न्यून' अक्षांश हैं, इसलिए इसकी जलवायु मूलतः गर्म (उष्णकटिबंधीय) है। यही वजह है कि प्लीस्टोसीन के हिम युगों के दौरान बर्फ की परत और हिमनद हिमालय तक ही सीमित रहे। शायद इसीलिए आदि मानवों के लिए भारत में प्रवेश कर यहाँ घर बनाना आसान हो पाया।

किसी भी क्षेत्र के तापमानों में अन्तर लानेवाला दूसरा घटक उन्नतांश (अल्टीट्यूड) अथवा तुलनात्मक ऊँचाइयाँ होती हैं जिनको औसतन समुद्र तल की तुलना में मापा जाता है (यानी समुद्र तल से उस जगह की ऊँचाई कितने मीटर की है)। स्थान जितना ऊँचा होगा, वहाँ की हवा उतनी ही विरल होगी और इसके फलस्वरूप तापमान उतना

ही कम होगा। हिमालय और कारोकारम से जुड़ी समान्तर शृंखलाएँ दुनिया की सबसे ऊँची पहाड़ी शृंखलाएँ हैं और इसलिए दोनों ध्रुवीय क्षेत्रों के बाद यहीं पर सबसे बड़ी और स्थायी बर्फ की परतें मौजूद हैं। इन सभी पहाड़ी शृंखलाओं पर जलवायु तदनुरूप ठंडी (अल्पाइन) है। दक्षिणी प्रायद्वीपीय खंड में भी, ऊँचे पहाड़ों और ऊँची पठारों पर निचले मैदानी भागों की तुलना में जलवायु काफी सुहावनी है।

जिन महान भूगर्भीय दबावों ने हिमालय को ऊपर की ओर धकेला, उन्हीं दबावों की बदौलत भारत के बाकी हिस्से अपेक्षाकृत गर्म हो गए। ऐसा इसलिए हुआ कि हिमालय उत्तर के ठंडे क्षेत्रों से बहकर दक्षिण की ओर आनेवाली हवाओं को रोक देता है। सिन्धु-गंगा के मैदानवाले अक्षांश में पड़नेवाले अमेरिकी भूभाग के साथ तुलना करने पर पता चलता है कि हिमालय के कारण भारत उसकी तुलना में 1.5 से 3 डिग्री सेल्सियस तक ज्यादा गर्म है।

दक्षिणी प्रायद्वीप की दोनों दिशाओं में विशाल समुद्र तट मौजूद हैं, पश्चिम में अरब सागर और पूर्व में बंगाल की खाड़ी, दक्कन की जलवायु को सन्तुलित करने में काफी मददगार होते हैं। जमीन के विपरीत समुद्र कहीं ज़्यादा धीमी गति से गर्म और ठंडा होता है, जिसके कारण इसके साथ लगी भूमि का तापमान अन्दरूनी इलाकों की तुलना में कम चढ़ते-उतरते हैं। इसके अलावा, जब जमीन गर्म होती है तो इसके ऊपर की हवा फैलती है और तब समुद्र की ठंडी हवाएँ आकर निचले वायुमंडल को ठंडा कर देती हैं। इसलिए प्रायद्वीपीय क्षेत्रों को तापमानों के तीव्र उतार-चढ़ाव का वैसा सामना कभी नहीं करना पड़ता जैसा कि उत्तरी भारत में होता है।

तापमान के अलावा जलवायु का एक अन्य महत्त्वपूर्ण घटक बरसात या बेहतर कहें तो 'अवक्षेपन' होता है जिसके तहत वर्षा, आर्द्रता, बर्फ, हिमवर्षा और ओलापात आदि सभी प्रकार से होनेवाली जल प्राप्ति शामिल होता है। भारत में जलवृष्टि की व्यवस्था यहाँ की ज़मीन तथा अरब सागर और बंगाल की खाड़ी के ऊपर उत्पन्न तापमानों से निर्धारित होती है। ऐसा इसलिए होता है कि भारत के पूर्व और पश्चिम दोनों तरफ, उत्तर से लेकर दक्षिण तक फैली पर्वत शृंखलाएँ और हिमालय अपने आर-पार सतही हवाओं के बहाव को रोकते हैं। इस प्रकार जब गर्मियों में उत्तर और दक्कन के प्रायद्वीपीय मैदान गरम हो जाते हैं तो एशियाई भू-भाग से अन्दर की ओर कोई हवा नहीं आती, बल्कि अपेक्षाकृत ठंडी, नम हवाएँ—दक्षिण-पूर्वी मानसून—अरब सागर और बंगाल की खाड़ी से बहकर अन्दर की ओर आ जाती हैं। बंगाल की खाड़ी से चलनेवाली मानसून की हवाएँ पूर्वी पहाड़ी अवरोधों और हिमालय से टकराकर पश्चिमी दिशा में मुड़कर पूरे मैदानी भागों में फैल जाती है। पश्चिम की ओर जाते-जाते ये हल्की होने लगती है और इसलिए उत्तर-पश्चिम तक पहुँचते-पहुँचते बरसात एकदम हल्की हो जाती है। सिंध और राजस्थान का थार रेगिसतान, इसी बरसात में ह्रास का परिणाम है। जाड़ों के मौसम में अपेक्षाकृत ठंडे भूभाग से फिर उल्टी दिशा में बहकर हवा समुद्र की ओर लौट जाती है जिसे 'लौटता मानसून' कहते हैं। ये हवाएँ जो बरसात

लाती हैं, वह स्थानीय होती हैं, यानी, मात्र सतही पानी के वाष्पीकरण से ही बरसात होती है और इसलिए जाड़ों के मौसम में देर से आनेवाली बरसातें काफी हल्की होती हैं। हालाँकि यह तथ्य समुद्रतटीय आन्ध्रप्रदेश, तमिलनाडु और उत्तरी तथा पूर्वी श्री लंका के लिए सही नहीं है जहाँ शीतकालीन मानसून बंगाल की खाड़ी से काफी नम होकर आती (वर्षा के वितरण के लिए मानचित्र 1.4 देखें)।

अगर यह सत्य है कि प्लीस्टोसीन युग की शुरुआत के काफी पहले ही विशाल पहाड़ी अवरोध भारत में पैदा हो गए थे तो इस बात में भी शक नहीं कि यह मानसून प्रणाली, जिसे हम वर्तमान रूप में जानते हैं, ज्यादा नहीं तो कम-से-कम 20 लाख साल पुरानी अवश्य है। हिमयुग के दौरान समुद्र के पीछे हटने पर वर्षा हल्की हो गई होगी, जबकि अन्तराहिमानी काल में यह अवश्य बढ़ गई होगी, जैसा कि होलोसीन काल में हुआ, जिसमें आज हम मौजूद हैं।

इस तथ्य पर भी विवाद उठते रहे हैं कि नूतनतम युग यानी होलोसीन में वर्षा की रुझान में किसी प्रकार के बदलाव आए हैं या नहीं। राजस्थान के झील-तलों के परीक्षण के आधार पर यह अनुमान भी लगाया गया है कि यहाँ एक या दो हजार वर्षों तक लगातार चलनेवाले 'आर्द्र' और 'शुष्क' दौर मौजूद रहे हैं। पर इसके विरुद्ध कुछ अन्य विद्वानों का मानना है कि ऐसी अनियमितता मानसून के महज सालाना उठा-पटक से ज्यादा शायद और कुछ नहीं था। हालाँकि यह बात काफी हद तक सही है कि जंगलों के कटने और प्राकृतिक वनस्पति की बर्बादी की कीमत पर हुए खेती के विस्तार के कारण पिछले दो या तीन हजार वर्षों के दौरान वर्षा में कमी आई है। अतएव, इस प्रकार का परिवर्तन मुख्य रूप से प्रकृति में मानव के हस्तक्षेप के कारण हुआ है। वनस्पति की स्थायी परत हट जाने से भूमि की जल-धारण शक्ति काफी कम हो जाती है और नतीजतन स्थानीय रूप से होनेवाले अवक्षेपन की मात्रा भी कम हो जाती है।

1.4 प्राकृतिक वनस्पति और जंगली जीवजन्तु

तकरीबन 400 से 250 करोड़ साल पहले पुरातनतम भूगर्भीय काल यानी आर्कियन महाकल्प में शैवाल और आदिम जीवाणुओं के रूप में जीवन का प्रादुर्भाव हुआ। कैम्ब्रियन कल्प (शुरुआत 57 करोड़ वर्ष पूर्व) में समुद्री जीवन का विकास हुआ और सबसे पुराने जमीनी पौधों तथा कीड़ों के जीवाश्म सिलूरियन कल्प की चट्टानों से प्राप्त हुए हैं जिसकी तिथि 43.80 से 40.80 करोड़ वर्ष पूर्व निर्धारित की गई है। लेकिन ये पौधे अत्यधिक आदिम किस्म के थे। यहाँ तक कि पर्णांग (फर्न) और काई (मौस) भी डेवोनियन युग में ही पैदा हुए। फूलवाले पौधों का विकास मात्र निम्न क्रेटेशियस काल (14.40 करोड़ वर्ष पूर्व) की शुरुआत में ही हो पाया। भारत के निम्न गोंडवाना चट्टानों में पर्णांगों के जीवाश्म मिलते हैं जबकि ऊपरी भाग में शंकुवृक्षों (कोनिकर) के जीवाश्म मिलते हैं। घास सबसे पहले इयोसीन युग (5.50 से 3.80 करोड़ वर्ष पूर्व) में पैदा हुए।

सम्भवतः प्लीस्टोसीन काल की शुरुआत आते-आते यानी तकरीबन 18 लाख वर्ष पूर्व पेड़-पौधों, झाड़ियों और घासों के रूप में वनस्पति वैसे ही मौजूद थे जैसा कि आज हम देखते हैं। हालाँकि बारीक निरीक्षण करने पर आज हम पौधों की बहुत सारी प्रजातियों को विलुप्त पा सकते हैं।

प्लीस्टोसीन युग के बीस लाख सालों के दौरान हिमयुग और अन्तराहिमानी युगों के एक के बाद दूसरे लगातार आगमन के फलस्वरूप ज्यादातर भूभाग की वनस्पतियों की विशिष्टताओं में अन्तर आ गए होंगे। जैसा कि हमने देखा, हिमयुग के दौरान हिमालय का एक बहुत बड़ा भाग बर्फ से ढँका था और मैदानी भागों तथा प्रायद्वीपीय भारत में जलवायु अवश्य शुष्क रही होगी। ऐसी परिस्थितियों में भारी मात्रा में निर्जलीकरण हुआ होगा। यह भी सम्भव है कि स्थानान्तरित होते रहनेवाले रेत के टीले, जो अब केवल राजस्थान के उत्तर-पश्चिमी भागों और उसके आसपास के इलाकों में ही देखने को मिलते हैं, हिमयुग के दौरान काफी व्यापक रूप से फैला हुआ होगा। यह अरावली के पश्चिमी पृष्ठ और जयपुर के पार हरियाणा के अन्दर तक फैला रहा होगा, जहाँ अब ये स्थायी टीलों का रूप ले चुके हैं। पूर्ववर्ती अन्तराहिमानी और होलोसीन काल में भी वनस्पतियों ने रेगिस्तान तथा हिमालय की बर्फीली परतों से काफी जमीन वापस निकाली होगी।

मानव द्वारा जंगलों को काटने, खेती के लिए जमीन साफ करने तथा शेष भागों में मवेशियों की चराई शुरू करने से पहले जो वनस्पति मौजूद थी, उसे अक्सर प्राकृतिक वनस्पति कहा जाता है। मोटे तौर पर कहें तो होलोसीन युग के आरंभ यानी 10,000 वर्ष पूर्व प्राकृतिक परिस्थितियों में वानस्पतिक चादर का घनत्व और समृद्धि वर्षा के अनुपात में बदलती रही होगी। यानी जहाँ ज्यादा बारिश होती होगी वहाँ वानस्पतिक परत कहीं ज्यादा मोटी और समृद्ध रही होगी। बंगाल और समुद्रतटीय उड़ीसा में, जंगल 'नम सदाबहार' रहा होगा; अन्यत्र, जहाँ वर्षा कम होती होगी, वहाँ यह 'आर्द्र पतझड़ी' रहा होगा, जिसके पेड़ से पतझड़ के मौसम में साल में एक बार पत्ते गिर जाते होंगे। अक्सर यह मान लिया जाता है कि आज के 'आरक्षित' जंगलों और बंजर जमीनों में मौजूद वनस्पतियों का निरीक्षण कर मौलिक प्राकृतिक वनस्पति का पता लगाया जा सकता है। हालाँकि ऐसे बचे हुए वनस्पति, आमतौर पर 'पर्यावरणीय ह्रास, यानी मानवीय गतिविधियों (जैसे पेड़ काटने या जंगलों और झाड़ियों के जलाने जैसी क्रियाओं) या मवेशी चराने (घास और पत्तों के अतिरिक्त) के कारण प्राकृतिक वनस्पति नष्ट होने के परिणाम हैं। दूसरे शब्दों में प्राकृतिक वनस्पति के मानचित्र पर 'उष्णकटिबंधीय शुष्क पतझड़ी जंगल' के रूप में दिखनेवाले वनस्पति का एक विशाल हिस्सा जो उत्तर प्रदेश और पश्चिमी बिहार के एक विशाल हिस्से पर छाया हुआ है, वह शायद पहले कभी उस आर्द्र पतझड़ी जंगल से भिन्न नहीं था जिसे आज के मानचित्र में उत्तर, पूर्व और दक्षिण की तरफ से इसे घेरता हुआ दिखाया गया है। जैसा कि हम पहले ही देख चुके हैं, जहाँ भी ऐसी प्राकृतिक वनस्पति की चादर मौजूद है, वहाँ पानी की सतही धारण

क्षमता कहीं ज्यादा रही होगी और इसलिए वर्षा भी कहीं ज्यादा मात्रा में होती होगी। यह जंगल को और भी आर्द्र और घना बनाता है। यहाँ तक कि बलूचिस्तान जैसे इलाकों में भी सम्भवतः ज्यादा बारिश होती होगी, जो वहाँ झरनों या तटबन्धवाले तालाबों के करीब पाए गए सूखे पेड़ों के अवशेषों के मौजूदगी की व्याख्या करते हैं। हालाँकि ये इलाके अब पूरी तरह निर्जल हो चुके हैं।

यह भी सम्भव है कि खेती और चराई से उस प्राकृतिक वनसपति में बदलाव या विनाश से पहले, जिसका कुछ हिस्सा 'उष्णकटिबंधीय कांटेदार जंगल' के रूप में थोड़े से अविकसित छिटपुट पेड़ों के साथ आज भी मौजूद हैं, उस समय कम-से-कम एक शुष्क पतझड़ी जंगल रहा होगा। सिन्धु घाटी का ज्यादातर भाग और फिर पश्चिमी घाट के ठीक पूर्व में मौजूद व्यापक शुष्क पट्टी भी ऐसे जंगलों से जल्दी ही भर गए होंगे। सम्भवतः यही इस बात की व्याख्या करता है कि सिन्धु घाटी में कभी हाथी क्यों खुलेआम घूमा करते थे। हाथियों के अवशेष न केवल सिन्धुघाटी सभ्यता के स्थलों, बल्कि क्वेटा के दक्षिण में बोलन दर्रे के नीचे मैदानी भाग में स्थित मेहरगढ़ में 5000 ई.पू. से भी पहले के स्तर से मिलते हैं।

इस प्रकार होलोसीन युग के दौरान, जब वर्तमान जलवायु निर्धारित हो चुका था, उस समय के मानव को सिन्धु घाटी, थार और प्रायद्वीपीय भारत के मध्यवर्ती हिस्से को छोड़कर शेष भारत में काफी घना जंगल मिला होगा। उन उपरोक्त क्षेत्रों में भी सूखापन सम्भवतः काफी कम रहा होगा।

जीवाश्मों से हमें भारत में रहनेवाले उन जानवरों के बारे में भी काफी कुछ पता चलता है जो विभिन्न भूवैज्ञानिक कालों में जीवित रहे हैं। दुनिया के अन्य भागों की तरह ही भारत भी उन डायनासोरों या विशाल सरीसृपों का घर रहा था जो सम्पूर्ण जैविक इतिहास में सबसे बड़े ज़मीनी जानवर थे : डायानासोर ट्रियासिक कल्प में प्रकट हुए जो 24.80 करोड़ साल पहले शुरू हुआ था और 6.50 करोड़ साल पहले क्रेटेशियस काल के अन्त तक युग लुप्त हो गया। भारत में खासतौर पर गोंडवाना चट्टानों से डायनासोरों के जीवाश्म मिले हैं। इस तरह पूरी दुनिया से डायनोसोर एकदम गायब कैसे हो गए, यह एक रहस्य बना हुआ है। उनके विनाश के सिद्धान्तों में से एक के अनुसार पृथ्वी की किसी समय एक़ छोटी ग्रहिका से टक्कर हुई थी। परन्तु उनके गायब होने से पहले भी चिड़ियों और स्तनधारियों की प्रजातियाँ भी 21.30 करोड़ वर्ष पूर्व शुरू हुए जुरासिक कल्प में मिलने लगते हैं। लेकिन आख़िरकार स्तनधारियों द्वारा हिंसक मांसभक्षियों को पैदा करने के बावजूद, डायनासोरों के विनाश में उनकी भूमिका सम्भवतः नाममात्र ही रही होगी।

समय के साथ-साथ स्तनधारियों की प्रजातियों में बढ़ोत्तरी होती रही। भारत के सन्दर्भ में यदि हम देखें तो उत्तर तृतियक कल्प (टरशियरी) और प्लीस्टोसीन काल के दौरान हाथियों की तकरीबन सत्रह प्रजातियाँ थीं जिनमें से अब सभी लुप्त हो चुकी हैं : भारत में अब केवल हाथी की एक ही प्रजाति-भारतीय हाथी-मौजूद है और पूरी दुनिया

में इसकी एक अन्य प्रजाति–अफ्रीकी हाथी है। अब केवल अफ्रीका में पाए जानेवाले दरियाई घोड़े प्लीस्टोसीन काल में गंगा घाटी और नर्मदा घाटी दोनों ही जगहों में रहते थे। जंगली घोड़ों की भी कुछ प्रजातियाँ थीं जो अब लुप्त हो चुकी हैं। आज का सबसे बड़ा पक्षी शुर्तरमुर्ग भारत में भी तकरीबन 8,000 साल पहले तक पाया जाता था।

शुरू में विभिन्न प्रजातियों के लुप्त होने के पीछे मुख्य कारण शायद जलवायु में परिवर्तन हुआ करता था : प्लीस्टोसीन युग में बर्फ की परतों के बढ़ने-घटने की प्रक्रिया से बहुत सारे जन्तुओं की प्रजातियों पर बड़ा भारी कहर गिरा होगा। आरम्भिक भूवैज्ञानिक युगों में भारी मात्रा में ज्वालामुखियों के फटने और विवर्तनिक गतिविधियों क चलते भी जीव-जन्तुओं का काफी नुकसान हुआ होगा। लेकिन 'शारीरिक रूप से आधुनिक मानव' खासकर नवपाषाण क्रान्ति (देखे अध्याय-3) के बाद से स्वयं मानव और उसके द्वारा पालतू बनाए जानवर ही बहुत सारी प्रजातियों के विनाश के लिए मुख्य रूप से जिम्मेदार हैं। खेती और चारागाह के लिए भूमि को अधिक-से-अधिक उपयोग में लाने के फलस्वरूप जंगली जानवरों के नैसर्गिक निवास स्थान या तो कम होते गए या फिर पूरी तरह से बर्बाद हो गए। भारत में शेर कभी जंगल का राजा हुआ करता था; लेकिन अब सौराष्ट्र के गीर अभयारण्य में मात्र कुछ गिने-चुने शेरों का पोषण कर इसे बचाया गया है। शिकारी तेंदुआ या चीता अब जंगल में नहीं मिलते, क्योंकि इनको पकड़कर बन्द कर देने (बन्दी अवस्था में इनका प्रजनन नहीं हुआ) और शिकार करने से इसकी प्रजाति धीरे-धीरे खत्म हो गई। सन् 1903 में दर्ज एक ही साल में पूरे 866 लोगों की मृत्यु के लिए जिम्मेदार बाघों की संख्या उस समय भी बड़ी तेजी से घट रही थी, आज तो यह स्पष्ट रूप से संकटापन्न प्रजाति है। पूरे भारत में फैले गैंडों के निवास अब समाप्त होकर केवल उत्तर-पूर्व भारत में सीमित रह गए हैं। हाथियों का आवास भी इसी तरह जंगलों के कुछेक हिस्सों तक ही सिमट कर रह गए हैं।

मनुष्यों ने पालतू जानवरों-मवेशी, बकरी, भेड़, सूअर, घोड़ा, मुर्गी, कुत्ते, बिल्ली इत्यादि–की प्रोन्नति के लिए काफी मेहनत की–क्योंकि उनके अस्तित्व और संख्या बढ़ने से जन्तु जनित उत्पादों और पालतुओं की जरूरत पूरी होती थी। मानव ने जीव-जन्तुओं क ऊपर अपना विस्मयकारी नियन्त्रण कायम किया है। प्रकृति (पौधों और जीव दोनों के सन्दर्भ में) की परम अधोगति से स्वयं मानव के लिए सम्भावित खतरों को अब ज्यादा-से-ज्यादा महसूस किया जाने लगा है। इसलिए जो कुछ नैसर्गिक है, उसे बचाकर रखना हमारे उद्यम का एक अहम हिस्सा बन गया है।

टिप्पणी 1.1

भूवैज्ञानिक युग (जियोलॉजिकल एजेज)

भूविज्ञान एक ऐसा विज्ञान है, जो पृथ्वी की भूआकृतिक संरचना, खासकर इसके भूपटल का अध्ययन करता है। कैसे गाद और शिलाखंडों के जमाव से कछारी मैदानों का निर्माण

हुआ, या फिर किस तरह कुछ चट्टानों में विभिन्न प्रकार की रंगोंवाली परतें मौजूद रहती हैं, इन्हीं बातों का निरीक्षण करते-करते इस विज्ञान की शुरुआत हुई। अलबरुनी ने ऐसे ही निरीक्षणों के आधार पर निष्कर्ष निकालते हुए भारत पर अपनी महान पुस्तक (1035 ई.) में लिखा है कि 'भारत किसी समय समुद्र था जिसने विभिन्न जलधाराओं के साथ आनेवाली कछारी मिट्टी के जमाव से जमीन का रूप ले लिया।' भूविज्ञान के लिए इससे भी ज्यादा महत्त्वपूर्ण बात यह हुई है कि अभी हाल में यह महसूस किया गया है कि चट्टानों का निर्माण अत्यधिक दबाव और पृथ्वी के भूपटल के अन्दर पैदा हुई उष्मा के फलस्वरूप हुआ और इस प्रकार से विभिन्न चट्टानें विभिन्न कालखंड में बनी होंगी।

चट्टानों की विभिन्न सतहों की रचना के लिए एक सापेक्षिक कालक्रम के निर्धारण के प्रयास के लिए दो मान्यताओं को आधार बनाया गया है :

1. आमतौर पर निचला स्तर या सतह, ऊपरी स्तर से पुराना होगा (हम अभी इस नियम के अपवादों पर गौर करेंगे)।

2. एक ही प्रकार के जीवाश्मों यानी जैविक अवशेषोंवाले चट्टान प्रायः एक ही काल के होते हैं, जबकि ज्यादा विकसित जीवों के जीवाश्म धारण करनेवाली चट्टान प्रायः बाद के समय की होती हैं।

इन दोनों में से पहला नियम तब लागू होता है जब सतहें क्षैतिज रूप से पड़ी हों और उसमें ज्यादा 'वलन' (फोल्डिंग) न पड़ी हों, जैसा कि प्रायद्वीपीय भारत के ज्यादातर हिस्सों में देखा जा सकता है। लेकिन यह अनुक्रम मात्र किसी खास स्थान या क्षेत्र के लिए ही उपयुक्त हो सकता है। इसका किसी अन्य स्थान की विभिन्न चट्टानी परतों के अनुक्रम के साथ सह-सम्बन्ध स्थापित करना मुश्किल है। इसके अलावा, जहाँ पर वलन (फोल्डिंग) बहुत ज्यादा हुआ है, या हिमनदों अथवा नदियों की क्रियाओं द्वारा शिलाखंड इधर-उधर हो गए हैं और उसके फलस्वरूप नई परतें अब पुरानी परतों के नीचे चली गई हों, ऐसे में अनुक्रम निर्धारित करना कहीं ज्यादा मुश्किल हो जाता है।

जीवाश्म हमें इन दोनों समस्याओं से निबटने में हमारी मदद करते हैं। पाकिस्तान के साल्ट रेंज में ऐसे शैल-संस्तर (रॉक बेड्स) हैं जिनमें ट्राइलोबाइट्स या लुप्त समुद्री सन्धिपाद (एन्थ्रोपॉड्स) मौजूद हैं, जो योरोप में प्राचीनतम कैम्ब्रियन काल (57 से 50. 50 करोड़ वर्ष पूर्व) की चट्टानों में मिले जीवाश्मों से काफी मिलतें-जुलते हैं। इस प्रकार यह कहा जा सकता है कि साल्ट रेंज में मिली यह जीवाश्म वाहक स्तर कैम्ब्रियन काल की होनी चाहिए। इस तरह विवर्तनिक (टेकटानिक) गड़बड़ी या शिलाखंडों के स्थान परिवर्तनों के कारण यदि शैल स्तरों का अनुक्रम जटिल हो भी जाए तो भी हम उनमें मौजूद जीवाश्मों के सहारे पुरानी स्तरों का पता लगा जा सकते हैं।

'युगों' या 'अनुक्रमों' द्वारा अपेक्षाकृत लम्बे 'कल्पों' या 'प्रणालियों' के रूप में भूवैज्ञानिक कालों के मौलिक वर्गीकरण तथा आगे चलकर इनको किन्हीं खास 'महाकल्पों' के रूप में रखते हुए आनुक्रमिक व्यवस्था के अन्दर इन सभी को क्रमबध करने का काम सबसे पहले योरोप के लिए किया गया था। भारत में भी इसी तरीके

तालिका 1.1

भूवैज्ञानिक युग (Geological Ages)

EON महाकल्प	ERA कल्प	EPOCH युग	आरम्भ (करोड़ वर्षपूर्व)	Organic life जैविक जीवन
आर्कियन (Archean)	–	–	400	पुरातनतम शैवाल (algae) और बैक्टीरिया
प्रोटेरोजोइक (Proterozoic)	(pre-cambrian) पूर्व-कैम्ब्रियन	–	250	संघजीवी शैवाल (colonial algae); कमजोर शरीरवाले अमेरूदंडी जीव (Soft bodied invertebrates)
फैनेरोज़ोइक (Phanerozoic)	पैलियोजोइक (Palaeozoic)	कैम्ब्रियन (Cambrian)	57	मछली
		आर्डोमिसियन	50.5	मूंगा (Coral)
		सिलूरियन	43.8	जमीनी पौधे और कीड़े
		डवोनियन	40.8	पर्णांग (Ferns), काई (mosses) उभयचर जीव (amphibians)
		कार्बनयुक्त (Carboniferous)		
		निम्न	36	पंखदार कीड़े (winged insects)
		उत्तर	32	सरीसृप (reptiles)
		पर्मियन (Permian)	28.6	–
	मेसोजोइक (Mesozoic)	ट्रियासिक (Triassic)	24.8	डायनोसोर
		जुरासिक (Jurassic)	21.3	पक्षी, स्तनपायी जीव
		क्रेटासियस (Cretaceous)		
		निम्न	14.4	फूलदार पौधे, डायनोसोर के पूर्वज

EON महाकल्प	ERA कल्प	EPOCH युग	आरम्भ (करोड़ वर्षपूर्व)	Organic life जैविक जीवन
		उत्तर	9.8	डायनोसोरों का अन्तिम युग
		तृतीयक (Tertiary)		
	सेनोजोइक (Cenozoic)			
		पैलियोसीन (Paleocene)	6.5	विशाल स्तनपायी
		इयोसीन (Eocene)	5.5	घास
		आलिगोसीन (oligocene)	3.8	—
		मायोसीन (Miocene)	2.5	कपि समूह
		प्लायोसीन (Pliocene)	0.5 (50 लाख वर्ष पूर्व)	मानवसम (Hominids)
		चतुर्थ (Quarternary)		
		प्लीस्टोसीन (Pleistocene)	0.18 (18 लाख वर्ष पूर्व)	मानव प्रजातियाँ मवेशी, हाथी घोड़े
		होलोसीन (Holocene)	0.01 (10 हजार वर्ष पूर्व)	

से चट्टानों और अन्य स्तरों को प्रणालियों के रूप में पहचानने की शुरुआत की गई जिनके नाम 'धारवाड़', 'चुडप्पा' और 'विंध्यन' आदि रखे गए। उनके बाद उनको एक आनुक्रमिक व्यवस्था में क्रमबद्ध किया गया। इन 'महाकल्पों' के तहत आनेवाली 'प्रणालियों' को कुछ काल्पनिक नाम दिए गए, जैसे 'वैदिक' (सबसे पुराना और इसलिए अन्तर्राष्ट्रीय नामकरण के आर्कियन महाकल्प के समरूप 'पुराण', 'द्रविड़' और 'आर्य' और इस आनुक्रमिक व्यवस्था का अन्त प्लीस्टोसीन की शुरुआत के साथ हुआ। लेकिन सभी भूवैज्ञानिक संरचनाओं का एक ही अन्तर्राष्ट्रीय वर्गीकरण के साथ सम्बन्ध स्थापित

करने में इतनी सुविधा थी कि लगातार परिवर्तन और सुधार करने के बाद मूल योरोपीय प्रणाली को अब भारत समेत हर देश में स्वीकार कर लिया गया है।

इस पद्धति (देखे तालिका 1.1) के तहत वर्गीकरण मुख्य रूप से चट्टानों में मिले जीवाश्मों के जरिए प्राप्त जैविक वस्तुओं के निशान पर आधारित है, हालाँकि इसके लिए कुछ अन्य पहलुओं पर भी ध्यान दिया जाता है। प्लीस्टोसीन युग को मानव (होमो), घोड़े (इक्वस), मवेशी (बोस) और हाथी (एलीफस) की प्रजातियों के आविर्भाव से ही पहचाना जाता है। चुम्बकीय ध्रुवों में परिवर्तनों के अध्ययन से पता चलता है कि तकरीबन 19 से 18 लाख साल पहले (तथाकथित 'ओल्डुवाई परिघटना') चुम्बकीय ध्रुवत्व में एक परिवर्तन आया जिससे यह सामान्य हो गया। हालाँकि इसका अब तक पनपी जैव प्रजातियों से कुछ खास सम्बन्ध नहीं है, पर इस तिथि को प्लीस्टोसीन की शुरुआत के चिह्न के रूप में देखा जाता है।

भौतिक विज्ञानों में प्रगति के कारण भूवैज्ञानिक परिवर्तनों की तिथि का सटीक निर्धारण थोड़े बहुत अन्तर के साथ करना सम्भव हो गया है। 'पोटाशियम-आरगन (के-आर) विधि के जरिए बहुत से रहस्योद्घाटन में सहायता मिली है, जिसकी सहायता से चट्टानों की 10 लाख से लेकर 500 करोड़ वर्षों तक की उम्र का पता लगाया जा सकता है। इसी प्रकार 'पुरा-चुम्बकत्व' (पैलियो मैग्नेटिज़्म) के अध्ययन से किसी चट्टान की चुम्बकीय अवस्था या चरण का पता लगाकर उसकी उम्र निर्धारित की जा सकती है (इन दोनों विधियों के लिए देखें अध्याय 2 की टिप्पणी 2.1) इन विधियों के परिणामस्वरूप तालिका 1.1 में दिखाए गए भूवैज्ञानिक युगों की तिथियों की भी कुछ हद तक विश्वसनीयता बन गई है।

परन्तु कई अन्य मसले अभी नहीं सुलझे हैं। प्लीस्टोसीन युग के चार या पाँच प्रमुख हिमयुगों और अन्तराहिमानियों के अन्तरालवाले मानक कालों में विभाजन की पद्धति अब छोड़ दी गई है, क्योंकि अब हिमयुगों की संख्या ज्यादा और व्यापक रूप से भिन्न तीव्रतावाली पाई गई हैं। जिन कारकों से ये पैदा हुए वह भी विवाद का विषय बन गया है। उस पुराने सुझाव में फिर से दिलचस्पी जगी है कि पृथ्वी द्वारा सूर्य से प्राप्त ऊर्जा की मात्रा में परिवर्तन के कारण हिमाच्छादन होता है। ऊर्जा की मात्रा में परिवर्तन पृथ्वी के कक्ष में सूक्ष्म चक्रीय परिवर्तन तथा अपने कक्ष पर अग्रगमन (प्रिशेसन) के कारण होता है। हालाँकि कई अन्य कारक जैसे महाद्वीपीय अपसरण का समुद्री धाराओं पर पड़नेवाले प्रभाव आदि के अध्ययन की कोशिश भी की जा रही है।

टिप्पणी 1.2

पुस्तक सूची टिप्पणी

दी इम्पीरियल गजेटियर आफ इंडिया, नवीन संस्करण, खंड 1, 1907 मे जारी, में उस समय के मान्यता प्राप्त विशेषज्ञों द्वारा भूगोल, भूविज्ञान, जलवायु, वनस्पति और जन्तु

जगत पर लिखे गए अध्याय शामिल किए गए थे।फिर 1965 में भारत सरकार द्वारा जारी *द गजेटियर ऑफ इंडिया : इंडियन यूनियन,* खंड 1, *कंट्री एंड पीपुल* भी इन्हीं विषय वस्तुओं पर उसी स्तर के विद्वानों के आलेख को प्रस्तुत करता है। ये दोनों ही प्रकाशन स्वभावतः पुराने पड़ गए हैं फिर भी इनमें मूल सूचनाएँ उपलब्ध हैं।

एस.एम. माथुर, *फिजीकल जियोलॉजी ऑफ इंडिया,* नेशनल बुक ट्रस्ट, 1986, (पुनर्मुद्रण 1991) भूविज्ञान पर आधुनिक सूचनाएँ देता है। टिप्पणी 1.1 में उधृत अलबरूनी की उक्ति को एडवार्ड सी. सकाउ के *अलबरुनीज इंडिया,* लन्दन, खंड-1, 1910 पृ. 198 से लिया गया है।

भूगोल तथा इसके अभी आयामों के लिए अभी भी क्लासिक कृति *ओ.एच.के. स्पेट* और ए.टी.ए. लियरमोंथ की *इंडिया एंड पाकिस्तान : ए जेनरल एंड रीजनल ज्योग्रॉफी,* मेथ्यून, लन्दन, 1967 है। यह न केवल 1947 के पहले की सीमाओं के साथ भारत का अध्ययन करता है (क्योंकि तब तक बाँगलादेश पाकिस्तान से अलग नहीं हुआ था), बल्कि बी.एच. फॉर्मर द्वारा लिखित श्रीलंका पर भी एक आलेख प्रस्तुत करता है। इसमें नेपाल और भूटान पर भी संक्षित भौगोलिक विवरण शामिल है।

भारत की भू आकृतिक विशेषताओं और राजनीतिक सीमाओं के लिए भारतीय उपमहाद्वीप का बार्थोलोम्यू मानचित्र काफी उपयोगी है। यह मानचित्र 1:40 लाख के स्केल पर अंकित है और इसे जोन बार्थोलोम्यू एंड सन्स के *वर्ल्ड ट्रैवेल सीरीज* में प्रकाशित किया गया है। इस नक्शे के कुछ हिस्सों को कम कीमतवाली *ऑक्सफोर्ड स्कूल एटलस ऑफ इंडिया* में भी छापा गया है। जो लोग अधिक विस्तृत नक्शे में जाना चाहते हैं वे सर्वे ऑफ इंडिया के 1:10 लाख के स्केलवाले नक्शे का उपयोग कर सकते हैं जिसमें अक्षांश की चार डिग्रियों और देशान्तर की आठ डिग्रियों के खंड को प्रस्तुत किया गया है। ये नक्शे भी सस्ते हैं। यह बहुत दुर्भाग्यपूर्ण है कि एस.पी. चटर्जी की महत्वाकांक्षी योजना *नेशनल एटलस ऑफ इंडिया* को सरकारी प्रतिबन्धों के कारण सम्पूर्ण रूप से प्रकाशित नहीं किया जा सका और अलग-अलग जारी किया गया इसका पन्ना अब आसानी से उपलब्ध नहीं है।

ऐतिहासिक भूगोल में दिलचस्पी रखनेवाले लोगों के लिए अब तक के सबसे विस्तृत ऐतिहासिक नक्शानवीसी को जोसेफ इ. श्वाजबर्ग (सं.), *ए हिस्टॉरिकल एटलस ऑफ साउथ एशिया,* शिकागो और लन्दन, 1978 में प्राप्त किया जा सकता है। यह राजनीतिक और राजवंशों के इतिहास के लिए अच्छा है; आर्थिक और सांस्कृतिक नक्शे कम सफल हैं।

भूवैज्ञानिक युगों पर यहाँ उल्लिखित तालिका 1:1 *द टाइम्स एटलस ऑफ द वर्ल्ड,* काम्प्रीहेंसिव एडीशन, 1997, पृ. 12 पर दिए गए चार्ट पर आधारित (कुछ सुधारों के साथ) है। इसी प्रकार *मरियम-वेबस्टर कालेजियट डिक्शनरी,* 10वाँ संस्करण, 1996, पृ. 487 पर छपे भूवैज्ञानिक काल से सम्बन्धित तालिका की भी मदद ली गई है। इन दोनों के प्रकाशकों को हमारा धन्यवाद ज्ञापन आवश्यक है।

मानचित्र 1.1 *नेशनल ज्योग्रॉफिक,* खंड 198, सं. 2, अगस्त, 2000, पृ. 50 पर छपे एक नक्शे पर आंशिक रूप से आधारित है। मानचित्र 1.2 *टाइम्स एटलस ऑफ द वर्ल्ड* के पृष्ठ 13 पर टेक्टॉनिक प्लेट्स के नक्शे पर आधारित हैं। नक्शा 1.3 श्वाजवर्ग के प्लेट I.B. 1. पर आधारित है। मानचित्र 1.4 फैज़ हबीब द्वारा गिलबर्ट टी. वाकर, *मंथली एंड एनुअल नॉर्मल रेनफाल एंड रेनी-डेज फ्राम रिकॉर्डस अप टू 1920,* कलकत्ता, 1924 से प्राप्त सूचनाओं के आधार पर खासतौर पर संकलित किया गया है। वर्षा सूचना केन्द्रों की संख्या उस समय आज से ज्यादा थी और इसमें लिए गए क्षेत्रों म बर्मा (म्यनमार) को भी शामिल किया गया है। श्रीलंका, नेपाल, अफगानिस्तान और इरान की पूर्वी सीमाओं के लिए अन्य स्रोतों का उपयोगा किया गया है।

2

हमारे आदि पूर्वज

2.1 मानव प्रजाति का उद्भव

संसार की सृष्टि से सम्बन्धित आमतौर पर प्रचलित विश्वासों में यह धारणा देखी जा सकती है कि मानव प्रजाति की सृष्टि एक ही बार में—आदम और हौव्वा जैसे किसी आदि युगल—या ऐसे ही किसी अन्य तरीके से हुई है। 1859 ई. में जब चार्ल्स डार्विन ने अपनी पुस्तक *ओरिजिन ऑफ द स्पेशिज* में अपने सिद्धान्त को प्रकाशित किया तो इस विचार को गहरा झटका लगा। चार साल बाद थामस हक्सले ने इन्हीं सिद्धान्तों के आधार पर यह विचार प्रतिपादित किया कि मानव प्रजाति भी विकास की एक लम्बी प्रक्रिया के परिणामस्वरूप अस्तित्व में आया। अब 'लुप्त कड़ियों' की खोज शुरू हुई, यानी उन मध्यवर्ती प्रजातियों की खोज, जिनके माध्यम से शारीरिक रूप से आधुनिक मानव (होमो सैपिएंस) का विकास उनसे भी ज्यादा पुराने वानर जैसे प्राणियों से हुआ। इनके प्रमाण मुख्यतः 'जीवाश्मों' के रूप में प्राप्त हुए हैं। जीवाश्म पत्थर की चट्टानों में जीवित वस्तुओं की मूल आकृतियों के सुरक्षित निशान होते हैं। जब हम गुजरे हुए अति प्राचीन काल की बात करते हैं तो उस समय की जैविक वस्तुओं के वास्तविक अवशेष के बचने की कोई उम्मीद नहीं कर सकते।

भारत में कोई सौ साल पहले शिवालिक की पहाड़ियों में मध्य नूतन युग (मायोसिन) यानी करीब 2.5 से 1.6 करोड़ वर्ष पूर्व के निक्षेपों से एक जीवाश्म वानर की खोज हुई जिसे *रामापिथेकस* का नाम दिया गया। एक समय में ऐसी गलत धारणा मौजूद थी कि यह मानव प्रजाति के विकास में एक मध्यवर्ती प्रजाति का प्रतिनिधि है। अब यह पाया गया है कि *रामापिथेकस* शायद *शिवापिथेकस प्रजाति* की मादा का जीवाश्म था। इन दोनों के जीवाश्म कंकाल पाकिस्तान और साथ-ही-साथ कुछ अन्य देशों में पाए गए हैं। यह ओरांगउटान वानर से जुड़ी प्रजातियाँ हैं—जो इंडोनेशिया के जंगलों में पाई जाती हैं। इसलिए यह मानवों की उत्पत्ति की मूल रेखा से अलग हो चुकी शाखा का प्रतिनिधि था और इसलिए इसे हम अपने पूर्वजों में गिनती नहीं कर सकते। अब यह निश्चित लगता है कि हमारी पूर्वज परम्परा वास्तव में अफ्रीका में उत्पन्न हुई जहाँ चिंम्पाजी और गोरिल्ला, ये दो अफ्रीकी महाकपि अपनी पूर्ववर्ती

प्रजातियों की शाखाओं से अलग होकर विकसित हुए। केन्या में पाए गए केन्यापिथेकस (1.4 करोड़ वर्ष पहले) इसी मुख्य आद्य-होमोनीड परम्परा के प्रतिनिधि लगते हैं। हालाँकि होनीनीडों से भिन्न ये अभी भी द्विपादी प्राणी नहीं थे (यानी यह अभी भी दो पैरों पर स्वाभाविक रूप से सीधे खड़े होकर नहीं चल सकते थे)।

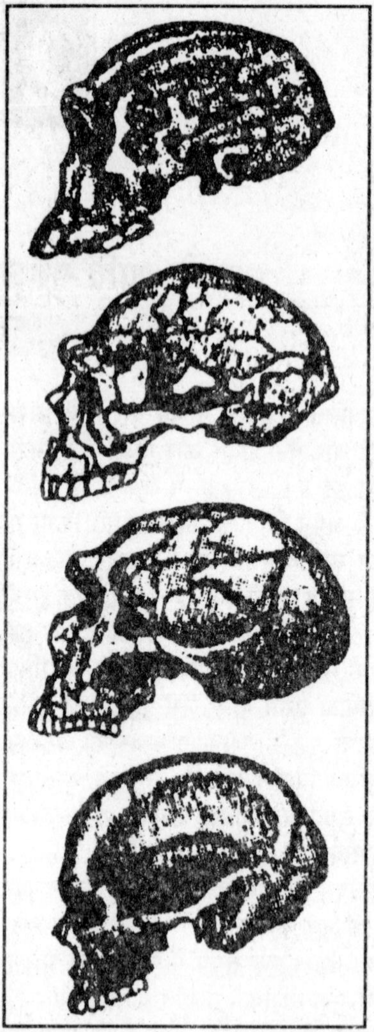

चित्र 2.1 : **मानव प्रजातियों का विकास : पुनर्कल्पित कपाल जीवाश्म।** *ऊपर से नीचे* : **2.1.a होमो हैबिलिस; 2.1.b होमो इरेक्टस; 2.1.c होमो सैपिएंस नियंडरथलैंसिस; 2.1.d होमो सैपिएंस सैपिएंस (हमारी प्रजाति) सभी कपाल मोटे तौर पर एक ही पैमाने पर रखे गए हैं। (इयान टैटरसैल पर आधारित)**

सबसे महत्त्वपूर्ण खोज पूर्वी अफ्रीका में हुई जिसने प्रमुख 'लुप्त कड़ी' को प्रस्तुत किया। आस्ट्रेलोपेथिकस के नाम से पुकारी जानेवाली इस प्रजाति का एक समूह 38 लाख वर्ष पहले के स्तर से प्राप्त हुआ। ये प्राणी द्विपादी होने के कारण वास्तविक होमीनीड थे। एक महिला का जीवाश्म-कंकाल—जिसे इसके खोजकर्ताओं ने 'लूसी' नाम दिया—इथोपिया में 32 लाख वर्ष पूर्व के स्तर से पाया गया। इसका शरीर छोटा एवं गठीला था, जिसके मस्तिष्क का आयतन मात्र 400 घन से.मी. था (इसकी तुलना में आधुनिक मानव का मस्तिष्क आयतन 1250-1450 घन में से.मी. होता है)। इसकी प्रजाति को *आस्ट्रेलोपिथेक्स अफ्रेनसिस* का नाम दिया गया। पूर्वी एवं दक्षिणी अफ्रीका में कई अन्य प्रजातियाँ भी मौजूद थीं जो शारीरिक बनावट में इनसे अधिक भारी और मजबूत हड्डियोंवाली थीं। दक्षिणी अफ्रीका में *आस्ट्रेलोपिथेकस अफ्रीकैनस* नामक एक 'सुकुमार' (पतली हड्डियोंवाली) प्रजाति भी विकसित हुई जिसका मस्तिष्क आयतन थोड़ा अधिक यानी 500 घन से.मी. के आसपास था और इसकी तिथि कम-से-कम 23 लाख वर्ष पूर्व रही होगी। वे डंडे से कुछ ठेल या खुरच सकते थे, वे पत्थर फेंक सकते थे परन्तु

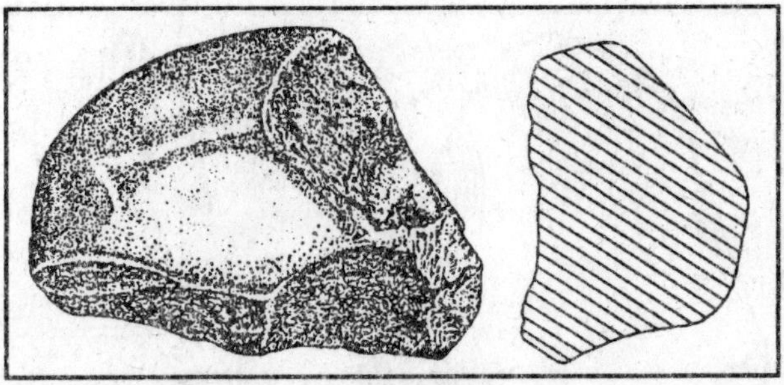

चित्र 2.2 : 'ओल्डोवान' पाषाण उपकरण, 20 लाख वर्ष पूर्व, टिवात, सोहन घाटी से (*पाकिस्तान आर्कियोलॉजी*, नं. 24 से)

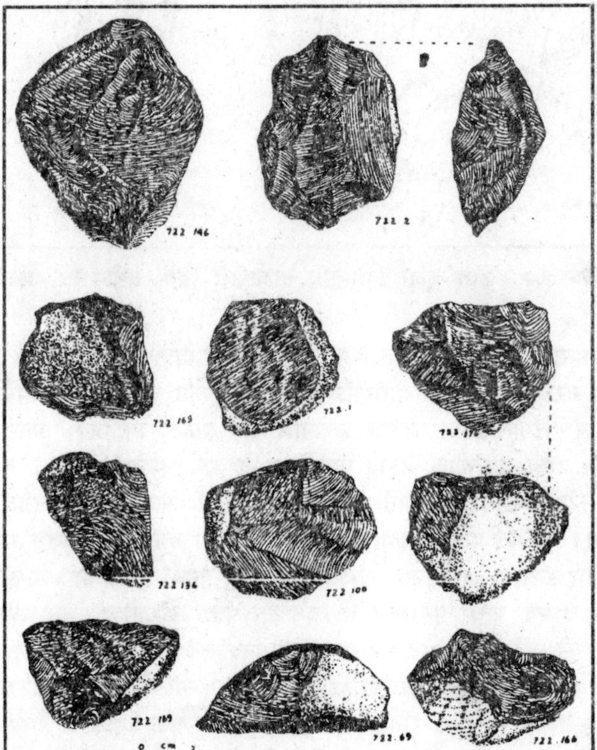

चित्र 2.3 : पब्बी पहाड़ी से प्राप्त बट्टिकाश्म शल्क उपकरण। टिप्पणी : नं. 722.1 (ऊपर से दूसरी कतार में बीचवाला) एक ऐसा बट्टिकाश्म है जिससे एक बड़े शल्क को उपकरण के रूप में उपयोग करने के लिए तोड़ा गया है (सैयद एम. अशफाक पर आधारित)

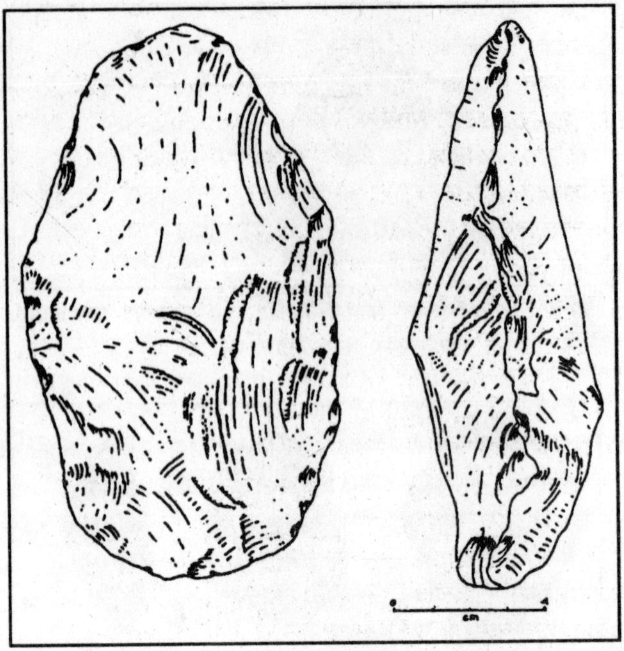

चित्र 2.4 : **हस्त कुठार (अशूली), सोहनघाटी (एम. सलीम पर आधारित)**

उनसे जुड़ा सचेत रूप से बनाया हुआ कोई औजार प्राप्त नहीं हुआ है।

'सुकुमार' प्रजातियों की मासंपोशियों में ताकत कम थी परन्तु वे अपने हाथ-पैरों, खासतौर पर उँगलियों का बेहतर इस्तेमाल कर सकते थे। अतः *आस्ट्रेलोपिथेकस अफ्रीकैनस* पहले वास्तविक मानव प्रजाति यानी *होमो हैबिलिस* (चित्र सं. 2.1) के शारीरिक रूप से बहुत निकटवर्ती थे। पूर्वी एवं दक्षिणी अफ्रीका दोनों जगह, 26 लाख से 17 लाख वर्ष पूर्व पाए जानेवाले *होमो हैबिलिस* का मस्तिष्क आयतन 700 घन सें. मी. था और इसलिए अनुमानतः पूर्ववर्ती वानाराभ मानवों (होमोनीड) से अधिक बुद्धि रखते थे। वे एक पत्थर पर दूसरे से चोट कर पत्थर के औजार बना सकते थे। वे ऐसे पत्थर की बट्टिकाओं से शल्क या छिलके निकालकर क्रोड पर धार पैदा कर सकते थे (देखें चित्र 2.2)। चूँकि ऐसे औजार पहली बार केन्या के ओल्डुबी नामक स्थल से प्राप्त हुए इसलिए इन्हें 'ओल्डोवान' के नाम से जाना जाता है। *होमो हैबिलिस* प्रजाति में सामूहिक जीवन के कुछ प्रमाण भी मिले हैं और इनके मस्तिष्क के 'ब्रोका एरिया' का विकास देखते हुए यह भी कहना सम्भव है कि वे ध्वनि की शृंखलाओं का उपयोग करते होंगे, जिन्हें आज हम 'शब्दों' के नाम से जानते हैं।

होमो हैबिलिस का एक कनिष्ठ समकालीन *होमो इरेक्टस* था जिसे अफ्रीका में *होमो*

इरगैस्टर के नाम से भी जाना जाता है (देखें चित्र 2.16)। अफ्रीका में इनके शारीरिक जीवाश्मों के अवशेष 18 लाख से 2 लाख वर्ष पूर्व के हैं, परन्तु यह प्रजाति 20 लाख वर्ष से अधिक पुरानी हो सकती है। होमो इरेक्टस, होमो हैबिलिस की तुलना में कहीं अधिक तगड़ा था और इसकी भारी खोपड़ी के बावजूद मस्तिष्क आयतन 1000 घन से.मी. तक बढ़ गया था। यह पहली ऐसी प्रजाति थी जिसने आग का प्रयोग एवं नियन्त्रण की जानकारी हासिल कर ली थी : (इसका प्रमाण केन्या के चेसोवान्जा नामक जगह से 14 लाख वर्ष पूर्व के सन्दर्भ से प्राप्त होता है)। *होमो इरेक्टस* पहले *होमो हैबिलिस* के जैसे औजारों का उपयोग करते थे, परन्तु धीरे-धीरे उन्होंने अपने औजारों को अधिक परिष्कृत बना लिया। उन्होंने अब सिर्फ क्रोड़ को ही नहीं बल्कि शल्कों को भी औजारों में बदलना शुरू कर दिया जिससे 'शल्क बट्टिका औजार' (Flake pebble tool) उद्योग का विकास हुआ (देखें चित्र 2.3)। अन्त में आया हस्तकुठार (Hand axe) जिसमें पत्थर के दो ढलानदार हिस्से होते थे और ये 'द्विसतही' (bi-facial) होते थे। इससे पत्थर का एक साधारण नोक या धारदार किनारा बन जाता था। इसे सीधे हाथ से ही पकड़ा जाता था। इस प्रकार के हस्तकुठार बनाने की तकनीक को 'एशूलियन' (चित्र 2.4) नाम से जाना जाता है। ऐसे हस्तकुढारों की ज्ञात सबसे पुरानी तिथि 14 लाख वर्ष पूर्व है जो इथोपिया के कोनसो से प्राप्त हुई है। ओल्डोवान और एशूलियन दोनों ही तकनीकों को पुरातत्वविद् निम्न पुरापाषाण से जुड़ा हुआ मानते हैं। ('निम्न' शब्द का प्रयोग पुरातत्वशास्त्री पहले या प्राचीनतम स्तरों के सन्दर्भ में करते हैं क्योंकि जो स्तर सबसे नीचे पाया जाता है वह सबसे पुराना भी होता है। इसके उल्टे 'उत्तर' का अर्थ सबसे बादवाला या ऊपरी सतह से होता है)

2.2 भारत में आरम्भिक मानव

होमोनीड प्रजाति के लिए यह एक सफलता की निशानी थी कि *होमो हैबिलिस* (या पुरातन *होमो इरेक्टस*) घास के मैदान और विरल जंगलों के पर्यावरण से निकलने में कामयाब हुए जिसमें वे अफ्रीका में विकसित हुए थे। विभिन्न प्रकार की जलवायुओं में चीन से लेकर (लोंगुप्पो : 18-19 लाख वर्ष पूर्व के ओल्डोवान औजार जबड़े के जीवाश्म के साथ पाए गए हैं) स्पेन (बारान्को लियोन में 18 लाख वर्ष पूर्व) तक इनका विस्तार देखा जा सकता है। इनके समकालीन जीवाश्म *होमो इरेक्टस* के रूप में कई जगह पाए गए हैं, जैसे दामिनसी (जॉर्जिया, कोकेशम) में 17 लाख वर्ष पूर्व, मोजोकेरतो (जावा, इंडोनेशिया) में 18 लाख वर्ष पूर्व के जीवाश्म मिले हैं। दामिनसी में जीवाश्म के साथ ओल्डोवान औजार भी प्राप्त हुए हैं।

पाकिस्तान में भी इन पुरातन औजारों के चिह्न मौजूद हैं जिनका उपयोग *होमो हैबिलिस* या आरम्भिक *होमो इरेक्टस* द्वारा किया गया होगा। ये औजार पाकिस्तान के पश्चिमी पंजाब में स्थिति पोटवार पठार के सोहन घाटी में रिवात नामक स्थान से प्राप्त

हुए हैं (चित्र 2.2)। इन औजारों की तिथि 20 लाख वर्ष पूर्व तक जा सकती है। इसी प्रकार के औजार हिमालय प्रदेश की शिवालिक पहाड़ियों में भी खोजे गए हैं और उनकी तिथि भी इसी तरह काफी पुरानी आँकी गई है (18 लाख वर्ष या उससे भी पहले)।

लेकिन यदि *होमो हैबिलिस* अफ्रीका से बाहर फैले भी हों तो कालक्रम में उनका स्थान *होमो इरेक्टस* ने ले लिया, जिनके अवशेष पुरातन विश्व (ओल्ड वर्ल्ड) में बड़े पैमाने पर दिखते हैं। ऊपर उल्लेख किए गए उनके पूर्ववर्ती चिह्नों के अलावा इन लोगों ने उत्तरी चीन के ठंडे इलाकों (झाउकोदियेन, 7 लाख वर्ष पूर्व) में भी अपना विस्तार उसी युग में कर लिया जब जावा के घने जंगलों में भी निवास कर रहे थे। उनका 'तगड़ा' शरीर, वाणी पर ज्यादा नियन्त्रण और अपेक्षाकृत बड़े मस्तिष्क आकार ने उन्हें श्रेष्ठता प्रदान की, हालाँकि उनके औजार अभी भी साधारण बट्टिका क्रोड़ और शल्क पर आधारित थे। वे आग का उपयोग गरमाहट पाने, जंगली जानवरों को भगाने तथा जगहों को साफ करने के लिए कर सकते थे, परन्तु वे अभी भी मांस या हड्डी को भूनने के लिए प्रायः नहीं कर रहे थे।

पाकिस्तान में मुख्य शल्क बट्टिका, जिन्हें 'खंडक गंडासा' (chopper chopping) औजार कहा जाता है, झेलम नदी के पार सोहन घाटी के पास पब्बी पहाड़ियों में पाए गए हैं, जिनकी तिथि 10 लाख वर्ष से ज्यादा आँकी गई हैं (देखें चित्र 2.3) हिमाचल प्रदेश की व्यास, वाणगंगा और अन्य नदी घाटियों में बिना तिथि निर्धारित स्तरों से भी ऐसे औजार प्राप्त हुए हैं। इस पूरे क्षेत्र में *होमो इरेक्टस* का इस युग से कोई जीवाश्म प्राप्त नहीं हुआ है, परन्तु यह करीब-करीब निश्चित है कि ये औजार इसी प्रजाति की उपलब्धि थी।

सोहन घाटी में हस्त कुठार या ऐशूली उद्योग (जो अफ्रीका में 14 लाख वर्ष पूर्व से ज्ञात हैं) खंडक-गंडासों के साथ 7 लाख से 5 लाख वर्ष पूर्व में मिलते हैं (देखें चित्र 2.4)। हस्त कुठारों के साथ-साथ ऐसे औजार कश्मीर के पहलगाम में पहाड़ी ढलानों पर इसी काल के स्तर से मिले हैं। यह सम्भव है कि हस्त कुठारों से लैस, जिसे प्रभावशाली तरीके से फेंका जा सकता था, आग पर नियन्त्रण प्राप्त कर लेने के बाद *होमो इरेक्टस* छोटे जानवरों का शिकार करने के अलावा दूसरे जानवरों द्वारा मारे गए जानवरों के मांस प्राप्त करने एवं जंगली फल, मूल और जंगली घास के बीज के संग्राहक बन गए होंगे। जंगली फल मूलों का संग्रह वे पहले से भी करते रहे होंगे।

होमो इरेक्टस के भारत के अन्य हिस्सों में प्रसार में और भी समय लगा होगा। यह उस काल में हुआ, जिसे भूगर्भशास्त्री मध्य अत्यन्त नूतन युग (मिड्ल प्लीस्टोसीन—7.3 लाख से 13 लाख वर्ष पूर्व) कहते हैं। यह कहना सम्भव नहीं है कि हिम युगों के शुष्क ठंडे चरण (जिनमें जंगल विरल हो गए) और अन्तराहिमानी के नम और गरम चरणों, (जिसमें जंगल घने हो गए), ने इस प्रजाति के विकास को किस प्रकार मदद किया या बाधित किया। (अत्यन्त नूतन युग के इन चरणों के लिए अध्याय 1. 2 देखें) दक्षिण भारत के कई स्थलों ने, जैसे कर्नाटक की हुसंगी घाटी और चिन्नैई के

पास अत्तिरम-पक्कम से 'आरम्भिक एशूली औजार' (तथाकथित मद्रास-उद्योग) यानी मुख्य रूप से क्रोड़ से बने हस्त कुठार आदि प्राप्त हुए हैं (देखें चित्र 2.5) यूरेनियन-थोरियम विधि से प्राप्त तिथियाँ कर्नाटक के स्थलों में 3.5 लाख वर्ष पूर्व तक जाते हैं। राजस्थान के दीदवाना में इसी विधि से आँकी गई निम्न पुरापाषाण कालीन औजारों की तिथि 3 लाख 90 हजार वर्ष पूर्व तथा महाराष्ट्र के अहमदनगर जिसे के नेवासा से प्राप्त औजारों की तिथि 3 लाख 50 हजार वर्ष आँकी गई है।

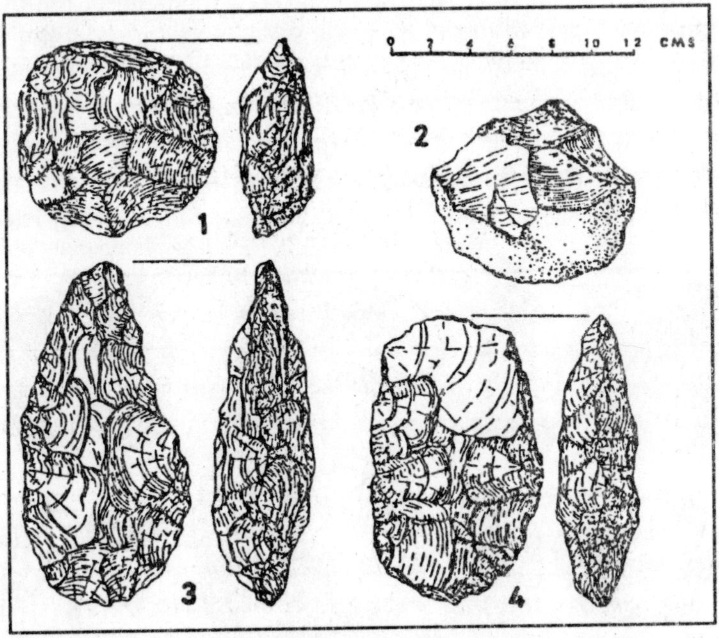

चित्र 2.5 : **'मद्रास उद्योग' उपकरण। 1. शल्क हटाने के बाद चक्रिक क्रोड, 2. गंडासा, 3. हस्तकुठार, 4. विदारणी, (बी. और आर. आलचिन पर आधारित)**

अपने प्रसार की इस प्रक्रिया में मूल *होमो इरेक्टस* की ऐसी उप-प्रजातियों में विकसित होने की प्रवृत्ति कालक्रम में मिलती है जो शरीर से कम तगड़े थे लेकिन वे अधिक कार्यकुशल थे। इसलिए वे शल्कों से छोटे औजार और बना सकते थे जिसे 'परवर्ती एशूली औजार' भी कहते हैं। ऐसे औजरों के अवशेष नर्मदा घाटी में 'नर्मदा कपाल' के साथ मिले हैं जिन्हें हथनोरा से प्राप्त किया गया है। यह कपाल *होमो इरेक्टस* की एक विकसित प्रजाति की है, जिसकी तिथि 1 लाख 30 हजार वर्ष से पहले की हो सकती है। इसी क्षेत्र में भीमबेटका की प्रसिद्ध गुफाओं में परवर्ती एशूली औजारोंवाली निम्नतम सतहों से निरन्तर आवास के चिह्न पाए गए हैं।

जैसे-जैसे होमो इरेक्टस का विकास होता गया, उसके औजार भी बेहतर होते गए। उन्होंने अपने औजारों को नया स्वरूप एवं आकार दिया तथा अपने तकनीकों को स्थानीय रूप से उपलब्ध कच्चा माल के अनुरूप ढाला। ऐसे परिवर्तन बहुत धीरे-धीरे हुए। दसियों हजार साल के दौरान इस धीमे परिवर्तन ने अन्ततः क्षेत्रीय 'संस्कृतियों' को जन्म दिया। 'संस्कृति' शब्द का उपयोग पुरातत्वशास्त्री किसी स्थल के स्तर विशेष से पाए गए औजारों, आभूषण, तथा मानव श्रम के अन्य उत्पादों, जिन्हें वे 'आर्टीफेक्टस' या सामग्री भी कहते हैं, के संग्रह के अतिरिक्त समरूप रिवाजों और विश्वास, जैसे—मृतकों के संस्कार और धार्मिक प्रतीकों के पूरे समुच्चय के लिए करते हैं। *होमो इरेक्टस* के रिवाजों और विश्वास के विषय में जानकारी नगण्य है। अतः उनके पत्थर के औजार के स्वरूप ही उनकी विभिन्न संस्कृतियों के विषय में जानकारी के एकमात्र श्रोत हैं। हजारों सालों के बीतने के साथ-साथ औजारों में छोटे और पतले होते जाने की प्रवृत्ति दिखती है। इसी कारण दुनिया के कई हिस्सों में स्वाभाविक रूप से शल्क फलक (Flake blade) उद्योग एक-दूसरे से बिल्कुल स्वतन्त्र तरीके से विकसित

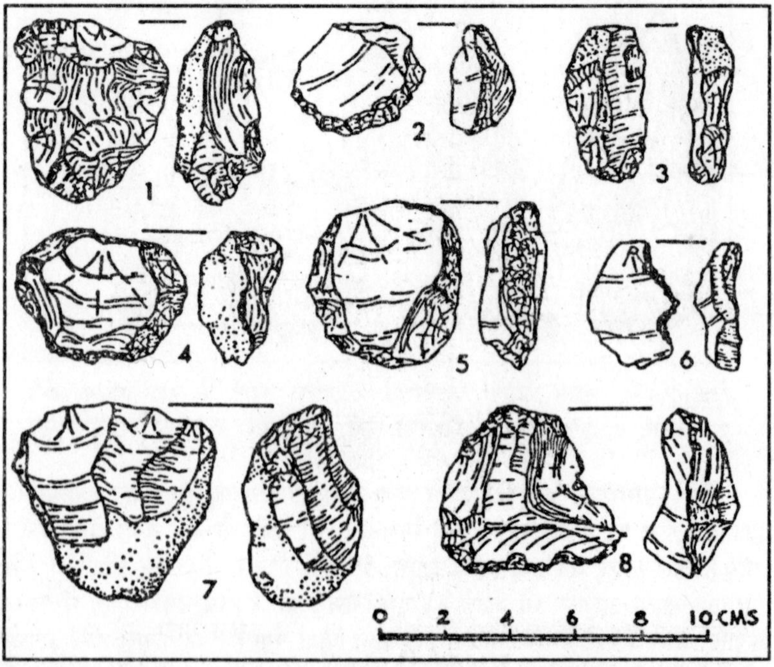

चित्र 2.6 : **'नेवासा' उपकरण, नं. 3 शल्क फलक है जो मध्यपुरापाषाण का खास सूचक है। नं. 7 पर गौर करें जो बट्टिकाश्म शल्क उद्योग के जारी रहने का संकेत करता है (बी. और आर. आलचिन पर आधारित)**

हुए। भारत में शल्क फलक औजार मध्य पुरापाषाण युग का प्रतीक माना जाता है। ऐसे पत्थर के फलक 'नेवासा संस्कृति' (जिसे नेवासा नामक स्थान के नाम पर पुकारा जाता है) से प्राप्त हुए हैं, जो लगता है दक्षिणी प्रायद्वीप और मध्य भारत में फैला हुआ था (देखे चित्र 2.6)। दीदवाना में टी.एल. विधि द्वारा मध्य पुरापाषण काल की तिथि एक लाख पचास हजार वर्ष प्राप्त हुई है जबकि गुजरात में यू.—टी.-एच. विधि द्वारा यह तिथि 56 हजार आठ सौ वर्ष पूर्व मात्र ही मिलती है। श्रीलंका के दक्षिणी नम क्षेत्र में दो लाख से चालीस हजार वर्ष पूर्व का तिथि पहले इसके लिए सुझाया गया है। अतः यह संस्कृति यदि अधिक नहीं तो कम-से-कम एक लाख वर्षों तक जीवित रही होगी। यह संस्कृति निम्न पुरापाषाण काल से सीधे निरन्तरता में देखी जा सकती है और इसलिए इसके निर्माता परवर्ती *होमो इरेक्टस* के प्रत्यक्ष वंशज रहे होंगे, हालाँकि इनमें से किसी भी स्थल से अभी तक कोई कंकाल अवशेष प्राप्त नहीं हुआ है।

तालिका 2.1

पाषाणकाल के चरण, उपकरण-प्रारूप, मानव-प्रजाति

काल	उपकरण-प्रारूप	सर्वप्रथम उपयोग करनेवाली मानव-प्रजाति
निम्न पुरापाषाण	ओल्डोवान	होमो हैबिलिस
निम्न पुरापाषाण	अशूलियन	होमो इरेक्टस
निम्न पुरापाषाण	बट्टिकाश्म शल्क	होमो इरेक्टस
मध्य पुरापाषाण	शल्क फलक	विकसित होमो इरेक्टस पुरातन होमो सैपिएंस
मध्य पुरापाषाण	ल्वेलियाई	नियंडरथल
उत्तर पुरापाषाण	इकधार फलक	होमो सैपिएंस सैपिएंस
मध्य पाषाण	सूक्ष्म पाषाण	होमो सैपिएंस सैपिएंस
नवपाषाण	घर्षित उपकरण	होमो सैपिएंस सैपिएंस

टिप्पणी : विभिन्न मानव-प्रजातियों द्वारा नवीन के साथ-साथ पूर्ववर्ती प्रारूप के उपकरणों का उपयोग जारी रहना भी सम्भव है।

2.3 शारीरिक संरचना में आधुनिक मानव का विकास

पाकिस्तान की रोहरी पहाड़ियों (उत्तरी सिन्ध) और सोहन घाटी (पोटवार पठार) से बहुतायात में प्राप्त मध्य पुरापाषाण औजारों (शल्क फलक के साथ) की अपनी पूर्ववर्ती संस्कृतियों के साथ ऐसी निरन्तरता नहीं देखी जा सकती। पोटवार पठार में इस 'संस्कृति' के लिए कार्बन-14 विधि से 60 हजार वर्ष पूर्व की तिथि निर्धारित की गई

है। पाँच लाख वर्ष पूर्व की निम्न पुरापाषाण सोहन संस्कृति के इसका कोई सम्बन्ध नहीं है। परवर्ती उद्योग भारत में आनेवाले आरंभिक आधुनिक मानव (होमो सैपिएंस सैपिएंस) का कार्य हो सकता है। अतः यह जरूरी हो जाता है कि हम उनकी उत्पत्ति पर अपना ध्यान केन्द्रित करें।

चूँकि *होमो इरेक्टस* पुरातन विश्व के विभिन्न सुदूरवर्ती क्षेत्रों में फैल गए थे, इसलिए वे एक दूसरे से धीरे-धीरे इतने अलग-थलग हो गए कि इन समूहों के अन्दर अनुवांशिकी जीनों का आदान-प्रदान नगण्य ही रह गया। इससे यह अनिवार्य हो गया कि *होमो इरेक्टस* उप-प्रजातियों में बँट जाएँ जिन्हें अक्सर 'पुरातनतम *होमो सैपिएंस*' के रूप में वर्गीकृत किया जाता है। 'सुकुमारता' (gracitlty) या हल्के शरीर की ओर उन्मुख प्रवृति वैसे तो कई जगहों पर देखी जा सकती है परन्तु हरेक जगह पर ऐसा नहीं था। *होमो सैपिएंस नियंडरथलैंसिस* या नियंडरथल मानव नामक एक तगड़े शरीरवाली सफल प्रजाति (देखें चित्र 2.1 c) योरोप में *होमो इरेक्टस* के अन्दर से विकसित हुई और 2.30 लाख से 30 हजार वर्ष पूर्व के बीच फली फूली। पचास हजार वर्ष पूर्व से भी पहले नियंडरथल मानवों की बस्तियाँ पश्चिम एशिया तथा उससे और पूरब में दिखाई देती हैं। नियंडरथल मानव का शरीर छोटा, बहुत संकरा माथा, मोटी भौंहें और ठुड्डी नदारद थी। इसका मस्तिष्क आयतन 1450 घन से.मी. के करीब था जो औसत आधुनिक मानव के बराबर ही है। उसने औजार निर्माण का काफी परिष्कृत तकनीक विकसित कर लिया था, जिसे 'लेवाल्बाई मूस्तेरियन' तकनीक कहते हैं। इस तकनीक में क्रोड़ पत्थर को पहले ही इस तरह काट-छाँट लिया जाता था कि मनचाहे आकार का शल्क या छिलका उससे बाहर निकाला जा सके। इन सब चीजों के बावजूद वह आधुनिक मानव की विपरीत दिशा में बढ़ता चला गया।

अन्य होमोनीड प्रजातियों की तुलना में शारीरिक संरचना की दृष्टि से आधुनिक मानव (ए.एम.एम.) बिल्कुल अलग दिखाई देता है। इसका माथा बड़ा, आँखों के ऊपर भौहों की हड्डियाँ समतल, बाहर की तरफ निकलते हुए ढलानदार चेहरे के मुकाबले लंबा खिंचा चेहरा और ठुड्डी इसकी प्रमुख विशेषता थी। इसकी हड्डियाँ पतली दिखती हैं यानी यह 'तगड़ा (robust) के बजाए 'सुकुमार' (graile) लगता है। यह मानने के पर्याप्त कारण मौजूद हैं कि हमारी प्रजाति अफ्रीका में उत्पन्न होकर समूचे संसार में फैल गई। उप-सहारा अफ्रीका के लोगो में जेनेटिक या अनुवांशिक विभिन्नता अन्य मानव आबादियों के मुकाबले सबसे अधिक है। इससे यह अनुमान लगता है कि वे *होमो सैपिएंस सैपिएंस* के रूप में इतने लंबे समय तक अस्तित्व में रहे हैं कि अन्य मानव समुदायों की तुलना में अधिक उत्परिवर्तन (mutation) की प्रक्रिया से गुजरे हैं। पुरातात्विक स्रोतों ने यह स्थापित कर दिया है कि अफ्रीका में *होमो इरेक्टस* का स्वरूप परिवर्तन कई चरणों में घटित हुआ। इथोपिया के अफर में (14 लाख से 6 लाख वर्ष पूर्व) पाए गए *होमो इरेक्टस* अवशेष में आधुनिक मानव की कुछ विशेषताएँ भी मौजूद हैं। फिर दो लाख वर्ष पूर्व दक्षिण अफ्रीका के इलैंडसूफोंटियेन में पुरातनतम *होमो*

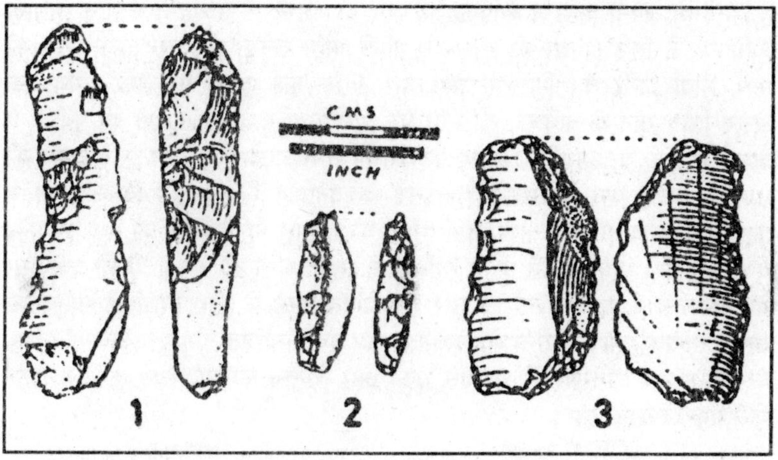

चित्र 2.7 : **शोरापुर दोआब (कर्नाटक) से प्राप्त इकधार फलक। नं. 2 के छोटे आकार पर गौर करें। (के. पद्दैय्या पर आधारित)**

सैपिएंस परवर्ती एशूली औजार एवं सामग्रियों से साफ प्रकट होता है। एक लाख बीस हजार वर्ष पूर्व एक अधिक विकसित स्वरूप आमने आता है जो इतना कार्यकुशल था कि पत्थर के छोटे औजार, खासतौर पर शल्क फलक बना एवं उनका उपयोग कर सकें। इसे अफ्रीका के मध्य पाषाण युग उद्योग (एम.एस.ए.) का नाम दिया गया।

अनुवांशिकी वैज्ञानिकों का अनुमान है कि इस प्रजाति की मूल शुरुआत (करीब 10,000 लोगों की आबादी के अन्तर्प्रजनन से) करीब दो लाख वर्ष पहले हुआ होगा। परन्तु शारीरिक दृष्टि से वास्तविक आधुनिक मानव की पुरातात्विक प्रमाण करीब एक लाख 15 हजार वर्ष पूर्व दक्षिणी अफ्रीका से प्राप्त होता है। आधुनिक मानव पहले 'मध्य पाषाण युगीन' (एम.एस.ए.) औजारों के साथ जुड़े थे, परन्तु उसके बाद (करीब 90, 000 वर्ष पूर्व) उन्हें पतला, दोहरे धारवाले प्रिज्म आकारवाले शल्क या 'इक़धार फल़क' (backed blades) जैसे औजारों का निर्माण करते देखा जा सकता है (देखें चित्र 2.7)। सामानान्तर धार के साथ इकधार फलक निश्चित ही मात्र आधुनिक मानव के ही औजार हो सकते हैं। इसकी मदद से वह अब कई प्रकार के उपयोगों के लिए विभिन्न औजार बना सकता था। इसके साथ ही वह पशुओं की हड्डियों और सींग के औजार और आभूषण भी बनाने लगा। आधुनिक मानव के सामने जो भी तकनीक आया चाहे वह लेवाल्वाई-मूस्तेरियन हो या एशूली या बट्टिकाश्म-शल्क औजार, उसने उन्हें आसानी से आत्मसात कर लिया।

यह निश्चित नहीं है कि यह आधुनिक मानव होमो इरेक्टस की तुलना में वाणी का उपयोग करने के लिए शारीरिक रूप से अधिक सक्षम था या नहीं, परन्तु यह सम्भव

है कि उसने अपनी वाणी में व्यापकता ले आई हो। अभी भी उच्चारित स्वरों के अलावा व्यक्तित्व के लिए अक्सर ही हाव-भाव, सीटी, साँस लेने-छोड़ने, घुरघुराहट आदि की मदद लिया करते थे। फिर भी यह तथ्य है कि कई जगहों पर लम्बे समय तक अलग-थलग रहने के बावजूद, खासतौर पर आस्ट्रेलिया में जहाँ 60,000 वर्ष पूर्व ही वे अलग हो चुके थे, आधुनिक मानव प्रजाति की सभी शाखाएँ एक या दूसरे किस्म की भाषा से युक्त पाए जा सकते हैं। इससे यह निष्कर्ष निकलता है कि अफ्रीका से आधुनिक मानव के प्रसार से पहले ही भाषा का विकास मानव जाति की एक उपलब्धि बन चुकी थी। भाषा ने उसे अपने साथियों से संवाद करने की क्षमता दी जो एक हुनर या जानकारी के एक व्यक्ति से दूसरे तक प्रेषित करने के लिए निर्णायक महत्त्व का साधन साबित हुआ। इससे न केवल जटिल और पूर्व-नियोजित सामूहिक कार्रवाई सम्भव हुई बल्कि यह संस्मरणों को सुरक्षित रखने और चिन्तन को व्यवस्थित करने का एक सुविधापूर्ण साधन बना।

2.4 भारत में आधुनिक मानव

मानव कंकाल अवशेष (जीवाश्म के रूप में) यह साबित करते हैं कि अफ्रीका से आधुनिक मानव का विसरण बहुत तेजी से हुआ। उन्हें पश्चिम एशिया में 90 हजार वर्ष पूर्व इकधार-फलक (backed-blade) उद्योग के साथ देखा जा सकता है। एशिया को पार करते हुए वे 60 हजार साल पहले आस्ट्रेलिया पहुँच गए और कम-से-कम बीस हजार वर्ष पूर्व साइबेरिया और अलास्का होते हुए 'न्यू वर्ल्ड' में प्रवेश कर चुके थे। चूँकि भारतीय भूभाग अफ्रीका से उसकी यात्रा के मध्य में आता है, अतः वे भारतीय उपमहाद्वीप की सीमाओं तक 60 हजार वर्ष से पहले ही पहुँच चुके होंगे। अगले 20 हजार वर्षों में वे भारत को पार कर श्री लंका भी पहुँच चुके होंगे क्योंकि आधुनिक मानव कंकाल का जीवाश्म (एक शिशु का) श्रीलंका के फाहयान् गुफा में 31 हजार वर्ष पूर्व के स्तर से प्राप्त हुआ है, हालाँकि इस स्थल पर मानव निवास के चिह्न 34 हजार वर्ष पूर्व तक जाते हैं। श्रीलंका के बाटाडोम्बा लेना गुफा से भी आधुनिक मानव के कंकाल अवशेष साढ़े अट्ठाईस हजार वर्ष पूर्व के स्तर से पाए गए हैं। हम यह यदि कर सकते हैं कि (अध्याय 1.2) 30 हजार वर्ष पूर्व हालाँकि समुद्र तल ऊपर उठने लगा था, फिर भी पूर्ववर्ती अन्तराहिमानी युग (50 हजार वर्ष पूर्व या उसने भी पहले) में श्रीलंका और भारत के बीच सीधा स्थल पुल मौजूद रहा होगा, जब समुद्र तल नीचे गिर रहा था।

एशिया को पार करते हुए आस्ट्रेलिया तक होनेवाले मानव प्रवासन के सन्दर्भ में यह याद रखना चाहिए कि जिस समय आधुनिक मानव भारतीय सीमाओं तक पहुँचा, उस समय तक उनके पास इकधार फलक तकनीक मौजूद नहीं रही होगी क्योंकि वे उसे लेकर ऑस्ट्रेलिया नहीं गए थे। इकधार फलक पाकिस्तान की सोहनघाटी में

विकसित मध्य पुरापाषाण संस्कृति (60 हजार से 20 हजार वर्ष पूर्व) में भी मौजूद नहीं था, जिसके निर्माता आधुनिक मानव ही रहे होंगे। इन संस्कृति से सम्बन्धित स्थलों, खासतौर पर रोहरी पहाड़ी से प्राप्त औजारों और मलबों से हमें एक ऐसे समाज की तस्वीर प्राप्त होती है जहाँ कुछ समुदाय मैदानी इलाकों, जंगल और नदी के किनारे शिकार करते थे और कुछ अन्य लोग सुदूरवर्ती उन जगहों पर 'कारखानों' में औजार बनाने में विशेषज्ञता हासिल कर रहे थे, जहाँ उपयुक्त पत्थर खोद कर निकाले जा सकते थे। हम यह मान सकते हैं कि ऐसी स्थिति में श्रम का कामचलाऊ विभाजन और वस्तु विनिमय का उदय उसी समय हो चुका था।

दक्षिण एशिया में इकधार-फलक उद्योगवाले उत्तर पुरापाषाण काल तथा सूक्ष्मपाषाण औजारवाले मध्यपाषाण युग (मेसोलिथिक) के बीच क्रमशः स्तरीकरण बहुत ही धुँधला है, क्योंकि अलग-अलग औजारवाले विशिष्ट स्तर विरले ही मिले हैं। इतना ही नहीं, 34 हजार वर्ष पूर्व के उत्तर पुरापाषाण कालीन स्थल भी भारत में नहीं हैं जो श्रीलंका में सूक्ष्मपाषाणों के प्रकट होने की तिथि है। फिर भी इन दोनों तकनीकों का तार्किक अनुक्रम इतना स्पष्ट है कि—यह सोचना भी असम्भव है कि बिना पहले इकधार फलक की मदद से औजार निर्माण के विकास हुए सूक्ष्मपाषाण किसी प्रकार बनाए जा सकते हों। हमें यह मान लेना चाहिए कि आगे होनेवाले शोध, इकधार-फलकवाले भारतीय स्थलों की तिथि को उससे अधिक प्राचीनता प्रदान करेंगे जितना उन्हें अभी दिया गया है।

ऐसी प्राचीन तिथि, आन्ध्र प्रदेश में चित्तूर जिले के रेनीगुंटा के उत्तर पुरापाषाण कालीन स्थल के अतिरिक्त कर्नाटक में शोरापुर दोआब (देखें चित्र 2.7 शोरापुर दोआब की सामग्रियों के लिए) या फिर राजस्थान के बूढ़ा पुष्कर से प्राप्त इकधार फलक औजारों को दी जा सकती है। परन्तु अभी इनकी वास्तविक उम्र के विषय में बहुत कुछ निश्चित रूप से कहना मुश्किल है। मध्य भारत में दो महत्त्वपूर्ण उत्तर पुरापाषाण कालीन संस्कृतियाँ मौजूद हैं। पहली बागोर प्रथम जिसकी तिथि 25,500 से 10,500 वर्ष पूर्व है और दूसरी बेलन घाटी में जो 18,000 से 16,000 वर्ष पूर्व की है। बागोर प्रथम खासतौर पर बहुत महत्त्वपूर्ण स्थल है : यह सोनघाटी के मध्य में स्थित है और यह वह जगह है जहाँ इकधार फलक, विषमबाहु त्रिकोण, वेधनी और खुरचनी सहित पत्थर के औजार बड़ी संख्या में बनाए गए थे। अन्धविश्वास (जो एक मानवीय विशेषता है !) भी यहाँ मौजूद था क्योंकि यहाँ से बलुआ पत्थर के मलबे का एक मंच खोद निकाला गया है जिसके केन्द्र में कई रंगोंवाले लौहमय बलुआ पत्थर का एक टुकड़ा स्थापित था। प्रायः यह किसी देवता का प्रतीक था।

यह भी सम्भव है कि पूर्वी भारत में आधुनिक मानव का आगमन मयनमार (बर्मा) की तरफ से हुआ हो। 11,000 से 4,500 वर्ष पूर्व के जीवाश्म-लड़की से बने सामान त्रिपुरा और पूर्वी बाँगलादेश से प्राप्त हुए हैं जिनमें पेंदेदार चाकू भी शामिल है। ये मयनमार की ऊपरी इरावाडी घाटी के तथाकथित पुरापाषाण 'एनीथियन' उद्योग के

अन्तिम चरण से सम्बन्धित लगते हैं।

क्या भारत में आने के बाद इन नई प्रजातियों का यहाँ के अन्य होमीनीड प्रजातियों के साथ कोई मुकाबला हुआ था ? यह एक उचित अनुमान है। नियंडरथल मानवों से सम्बन्धित लेवाल्वाई-मूस्तेरियन औजार (जो पहले से तैयार क्रोड़ से इच्छित आकार के औजार बनाने की तकनीक थी) को अफगानिस्तान के दर्रा-ए-कूट (50,000 वर्ष पूर्व) और कारा कमार (30,000 वर्ष पूर्व) तथा पाकिस्तान की संघाओं गुफा (चित्र 2.8) से प्राप्त किया गया है। ये स्थल उजबेकिस्तान के तेशिक ताश से ज्यादा दूर नहीं हैं जहाँ एक नियंडरथल मानव का कपाल प्राप्त हुआ है। दर्रा-ए-कूट से भी एक कपाल मिला है जो 'आंशिक' रूप से नियंडरथल आबादी के एक सदस्य का हो सकता है। महाराष्ट्र के मूला बाँध (31,000 वर्ष पूर्व) और गुजरात के बरदिया (1500 वर्ष पूर्व) से भी ऐसे ही मूस्तेरियन औजार मिले हैं। भारत की अन्य जगहों पर भी ऐसे औजार मिले हैं और यदि ये नियंडरथल मानव द्वारा निर्मित न भी रहे हों तो यह सम्भव है कि आधुनिक

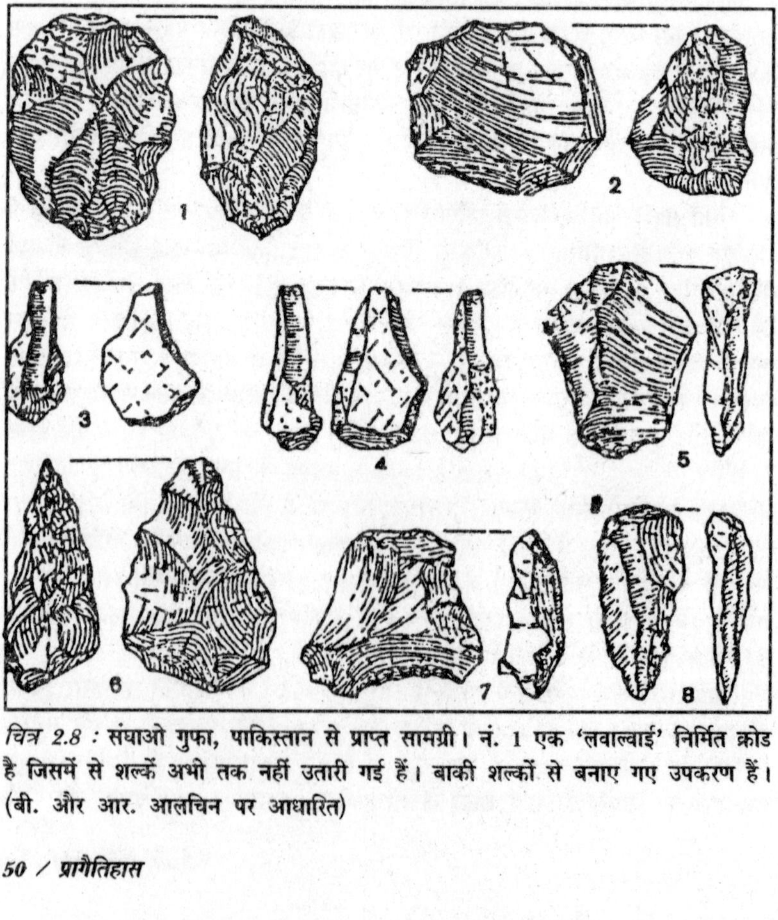

चित्र 2.8 : **संघाओ गुफा, पाकिस्तान से प्राप्त सामग्री। नं. 1 एक 'लवाल्वाई' निर्मित क्रोड है जिसमें से शल्कें अभी तक नहीं उतारी गई हैं। बाकी शल्कों से बनाए गए उपकरण हैं। (बी. और आर. आलचिन पर आधारित)**

मानव ने उत्तर-पश्चिम में उनसे सीखा हो और उसे अपने साथ भारत लाए हों। यदि ऐसा हो तो यह भी सम्भव है कि नियंडरथल समूहों के साथ उनका अन्तर्प्रजनन हुआ होगा, जैसा कि उन्होंने पश्चिम एशिया में किया था और यह बात वहाँ से प्राप्त कपाल की मध्यवर्ती अवस्था के आधार पर अनुमान लगाया गया है। ऐसा ही अन्तर्प्रजनन आधुनिक मानव एवं बचे हुए उत्तरवर्ती *होमो इरेक्टस* के बीच भी हुआ होगा जैसा कि फिर 53,000 से 27,000 वर्ष पूर्व इंडोनेशिया में जावा के नगानदांग नामक जगह पर दिखाई देता है। इसकी कल्पना श्रीलंका के सन्दर्भ में भी किया जा सकता है यदि उत्तर-पश्चिमी समुद्रतटीय श्रीलंका की परवर्ती मध्य पुरापाषाण संस्कृति (74,000 से 28,000 वर्ष पूर्व) का निर्माता भी परवर्ती *होमो इरेक्टस* प्रजाति रही हो। क्योंकि मानव कंकाल अवशेषों के आधार पर हम जानते हैं कि दक्षिण श्रीलंका के 34,000 वर्ष पूर्व के सूक्ष्मपाषाण उपयोग करनेवाले मानव, निश्चित रूप से आधुनिक प्रजाति के थे। (परन्तु यदि श्री लंका में आधुनिक मानव 60,000 वर्ष पूर्व आ चुका था तो वह अन्य संस्कृतियों का निर्माता भी हो सकता है) हमें इस बात के लिए भी जगह छोड़नी चाहिए कि प्रतिद्वन्द्वी प्रजातियों ने एक-दूसरे का कत्लेआम किया होगा। बेहतर प्रजाति (हमारी प्रजाति !) ने अपनी रक्षा में कमजोर अन्य प्रजातियों का नाश किया होगा। इस प्रकार शारीरिक संरचना की दृष्टि से आधुनिक मानव ने आत्मसातीकरण और उन्मूलन द्वारा पुराने होमीनीड प्रजातियों के सदस्यों का न केवल भारत, बल्कि पूरी पुरातन दुनिया (ओल्ड वर्ल्ड) में समूचे तौर पर खात्मा कर दिया।

यदि हमारी और अन्य प्रजातियों के बीच अन्तर्प्रजनन हुआ, तो पहले की प्रजातियों के चिह्न हमारे अन्दर क्यों नहीं मौजूद हैं, इस सवाल ने भारी बहस पैदा किया है। यह माना जाता है कि स्थानीय *होमो इरेक्टस'* की कुछ गौण शारीरिक विशेषताएँ पूर्वी एशिया के वर्तमान मोंगोलाइड और आस्ट्रेलिया के ऑस्ट्रोलाइडों के बीच मौजूद रह गई हैं। परन्तु इस गौण 'नस्लीय' भिन्नता के बावजूद तथा आस्ट्रोलाइड एवं अमेरिनडियन आबादी के शेष दुनिया की आबादी लम्बे समय तक अलग रहने के बावजूद, आज की मानव जाति जीव विज्ञान की दृष्टि से एक सम्पूर्ण समरूप प्रजाति है। हालाँकि पश्चिमी योरोप में नियंडरथल, आधुनिक मानवों के साथ-साथ ज्यादा नहीं तो कम-से-कम 10,000 वर्षों तक साथ जीवित रहे, फिर भी नियंडरथल मानव के डी.एन.ए. के हाल में प्राप्त नमूने ने योरोप के आनुवांशिक कोष में नियंडरथलों के योगदान की कोई सूचना नहीं दी है। इस आधार पर यह मान लिया जा सकता है कि अन्य प्रजातियों के साथ सम्पर्क के काल तथा बाद के दिनों में भी, आधुनिक मानव की आबादी इतनी विशाल हो गई थी कि कम आबादीवाली प्रजातियों या उप-प्रजातियों से इनमें आनुवांशिक तत्त्वों का प्रवाह अत्यन्त क्षीण और अमहत्त्वपूर्ण हो गया था।

2.5 मध्यपाषाण संस्कृति

हमारे पूर्वजों की प्रजजन और लगातार बढ़ती आबादी को पोषित करने की क्षमता हलके और अधिक कुशल औजारों के निर्माण एवं अपने विचारों और सूचना का आदान-प्रदान पूर्ण रूप से अभिव्यक्त वाणी के माध्यम से करने की योग्यता में अन्तर्निहित थी। इन दोनों से शिकार करने के सामूहिक उद्यम में भारी मदद मिलती होगी। इससे प्राप्त व्यापक सम्भावनाओं की झलक परिवर्तन की रफ्तार में वृद्धि के रूप में देखी जा सकती है। ऐसे परिवर्तन औजार बनाने की सामग्री के प्रकारों में वृद्धि के रूप में भी देखा जा सकता है। वे न सिर्फ हड्डियों, बल्कि पशुओं की सींगों, लकड़ी और (खासतौर पर चीन एवं दक्षिण पूर्व एशिया में) बाँस का उपयोग औजार निर्माण के लिए करने लगे। परन्तु ऐसी जैविक वस्तुएँ अब नहीं बची हैं, इसलिए उन आरम्भिक दिनों के औजारों का प्रमाण सिर्फ पत्थर से बने औज्गरों के रूप में रह गया है। फिर भी हम देख सकते हैं कि पहले जिन पत्थर के औजारों के विकास में लाखों वर्ष लगे अब उनसे भी अधिक विकसित औजार मात्र कुछ ही सौ हजार सालों और उसके बाद सिर्फ कुछ हजार सालों में ही सामने आने लगे। पहले ब्लेड या फलक तकनीक के 'सूक्ष्मपाषण' (पत्थर के छोटे औजार और वेधनी, या छोटे-छोटे फलक जिन्हें शायद लकड़ी या हड्डी के हत्थे में लगाकर उपयोग किया जाता था, चित्र 2.9) में रूपान्तरण ने सत्तर हजार वर्षों (1,00,000 वर्ष से 30,000 वर्ष पूर्व) का समय लिया। परन्तु उसके बाद इस घटना के घटने और नवपाषाण काल के आगमन के बीच मात्र पच्चीस हजार साल (34,000 से 9,000 वर्ष पूर्व) का छोटा समय ही लगा।

सूक्ष्मपाषाणवाले इस संक्रमण काल को मध्य पाषाण काल या मेसोलिथिक कहा जाता है। दक्षिण एशिया (और प्रायः पूरी दुनिया) में सूक्ष्मपाषाण की सबसे पुरानी तिथि श्रीलंका की फाह्यान गुफा से प्राप्त होता है, जहाँ साधारण सूक्ष्मपाषाण 34,000 वर्ष पुराने तथा बाटाडोम्बा लेना से ज्यामितिक सूक्ष्मपाषाण 28,000 वर्ष पूर्व की तिथि से प्राप्त होते हैं। महाराष्ट्र के चालीसगाँव के निकट पाटने से कुछ सूक्ष्म पाषाण उत्तर पुरापाषाणकालीन औजारों (24,000 वर्ष पूर्व) के साथ मिले हैं। तो क्या सूक्ष्मपाषाण तकनीकों का श्रीलंका से ऊपर उत्तर की ओर फैलाव हुआ ? अब मानव समुदाय घुमन्तू समूहों से आगे बढ़कर गुफाओं, शैलाश्रयों, टीलों और अन्य प्राकृतिक स्थलों में अस्थायी आश्रय लेने लगा था। वे अपने पहले के अदिम झोपड़ियों में रहनेवाली आबादी को आंशिक रूप से इन जगहों पर बसाने लगे थे। श्रीलंका में बेली लेना के सूक्ष्मपाषण कालीन स्थूल से जले हुए ज्वार के दानों के प्रमाण 12,000 से 9,000 वर्ष पूर्व (10,000 ई.पू. से 7,000 ई.पू.) के स्तर से प्राप्त हुए हैं। इससे यह अनुमान लगता है कि भोजन के लिए जंगली अनाजों का संग्रह इस समय शुरू हो चुका था। हम देख चुके हैं कि उत्तर पुरापाषाण युग के दौरान बागोर प्रथम में देवता का प्रतीकात्मक निरूपण और धार्मिक विचारों के साक्ष्य मिलते हैं। मध्यपाषाण कालीन संस्कृतियों में ऐसे धार्मिक

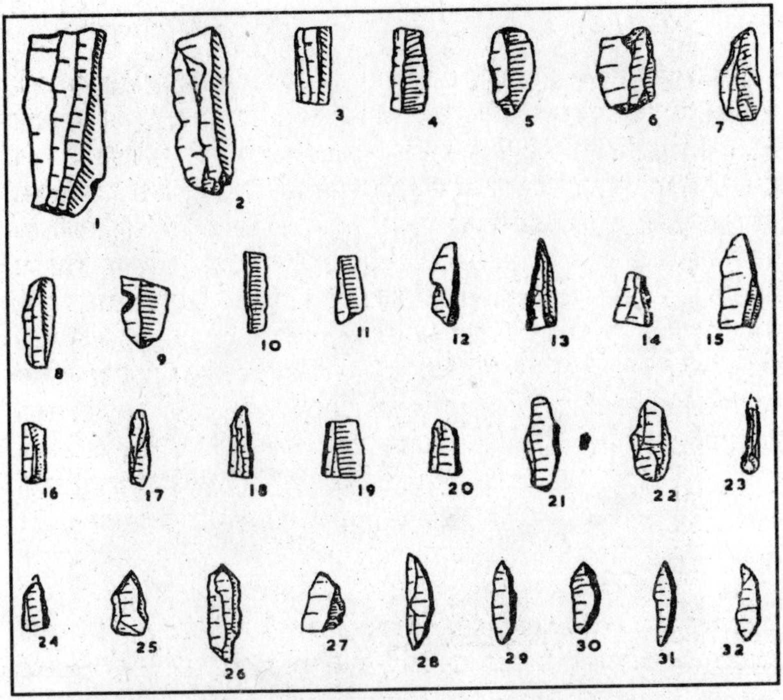

चित्र 2.9 : **महादहा से प्राप्त सूक्ष्मपाषाण। नं. 1 से 9 तक समानान्तर धार फलक हैं; नं. 10 से 21 इकधर फलक; नं. 22 से 25 वेधनियाँ, 26 और 27 तक्षणी, नं. 28 से 32 अर्धचन्द्र हैं। (जी.आर. शर्मा पर आधारित)**

'प्रतीक' आभूषणों में प्राप्त होते हैं जिन्हें जादुई ताबीज और पत्थर पर बने निशानों के रूप में देखा जा सकता है। यही बाद में शैल चित्र या गुफा चित्रों के रूप में विकसित हुआ।

परवर्ती मध्यपाषाण काल के प्रमुख स्थलों में मध्य उत्तरप्रदेश के मैदान में सराय नाहर राय और उसी के बगल में महादहा का नाम लिया जा सकता है। सराय नाहर राय की रेडियो कार्बन तिथि 10,000 वर्ष पूर्व (8000 ई.पू.) की हैं। इन स्थलों से कई कब्रें प्राप्त हुई हैं जिनमें कंकाल काफी लम्बे (औसत वयस्क लम्बाई : पुरुष 180 से.मी.; स्त्री 170 से.मी.), दीर्घ-अस्थिवाले और तगड़े लोगों के हैं (चित्र 2.10) इस समय औजारों के कई प्रकार मौजूद थे परन्तु उनका मुख्य आधार समानान्तर धारवाले फलक (चित्र 2.9) ही थे। हड्डियों और चकमक पत्थर के बाणाग्र के साथ एक कंकाल की पसली में फँसे हुए चकमक पत्थर के टुकड़े से पता चलता है कि अब शिकारियों के उपकरणों में तीर-कमान भी शामिल हो गया था। शिकार किए गए और खाए जानेवाले

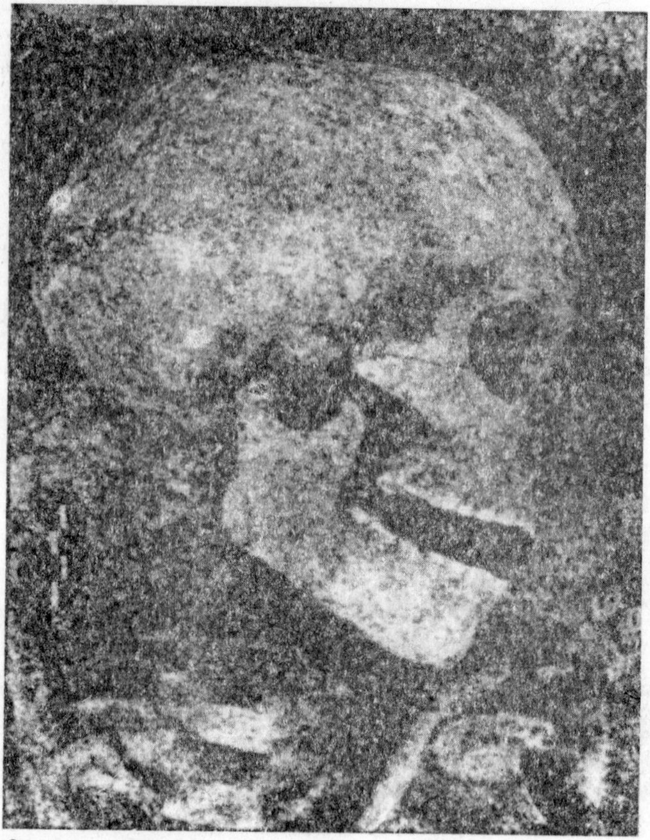

चित्र 2.10 : महादहा में शवाधान से प्राप्त एक महिला का कपाल
(जी.आर. शर्मा से साभार)

जानवरों में जेबू या भारतीय कूबड़दार बैल, भैंस, भेंड़, बकरी, बरहसिंगा, सूअर, गैंडा हाथी, कछुआ, और कई प्रकार के पक्षी शामिल रहे हैं। इस बात के पक्के सबूत नहीं मिलते कि मवेशियों या भेड़ या बकरी को पालतू बना लिया गया था या नहीं। ये बस्तियाँ जंगलों के बीच थीं और शिकार किए गए सभी पशु जंगली हैं। मांस पकाने के लिए आग के उपयोग का चिह्न मिलता है। जंगली बीजों को जमा करके कूटा जाता था क्योंकि सिलबट्टा भी मिला है। इस प्रकार बीज पीसने की पद्धति से यह भी अनुमान लगता है कि इन बीजों को भविष्य में उपयोग के लिए भी बचाकर रखा जाता होगा। परन्तु पौधों की खेती का कोई प्रमाण नहीं है। पहनने के लिए रेशेदार कपड़े नहीं थे और शायद जानवर की खालों के टुकड़ों का उपयोग पहनने के लिए किया जाता था। बालों को हाथ से चोटी की तरह गूँथा जाता था परन्तु बुनाई के प्रमाण अभी नहीं

मिलते। इस समय मिट्टी के बर्तनों का निर्माण भी नहीं शुरू हुआ था। हड्डियों के आभूषण (हार और लटकन) महादहा में पाए गए हैं जो प्रायः सिर्फ पुरुषों द्वारा पहने जाते थे, महिलाओं द्वारा नहीं।

मानव जीवन अभी भी काफी कठिन था। महादहा में दफनाए गए तेरह व्यक्तियों की मृत्यु के समय उनकी उम्र निर्धारित करने की कोशिश की गई है और औसतन लोग 19 से 28 वर्ष के बीच हैं या प्रायः 19 वर्ष के अधिक निकट हैं। सिर्फ एक व्यक्ति 40 वर्ष से ऊपर का है और 50 वर्ष से ऊपर का कोई नहीं है।

कब्र से धर्म और अन्धविश्वास की मौजूदगी का भी पता चलता है। मृतकों के साथ दफनाए गए अस्थि आभूषण और काटे गए पशुओं की हड्डियों मृत्यु के बाद के जीवन में उनकी आस्था को प्रकट करता है। औरतों को भी मर्दों की तरह ही दफनाया गया है और हालाँकि दो व्यक्तियों को एक साथ दफनाने के दृष्टान्त भी मिलते हैं परन्तु इस बात का कोई प्रमाण नहीं है कि उनमें से एक को दूसरे के साथ परवर्ती जीवन में साथ देने के लिए मारा गया था। बेलन घाटी में हड्डी से बनी एक लघुमूर्ति मिली है। महाराष्ट्र में पाटने और मध्यप्रदेश के रोजदे से शुतुर्मुर्ग के अंडे के खोल पर आकृतियाँ बनी मिलीं हैं (शुतुर्मुर्ग का अस्तित्व भारत में बहुत पहले ही शिकार के कारण समाप्त हो गया था)। इन्हें सिर्फ सौन्दर्यबोध के लिए ही नहीं बनाया गया था बल्कि इनके पीछे कुछ धार्मिक महत्त्व या अन्धविश्वास भी जरूर मौजूद रहा होगा।

चित्र 2.11 : 'अस्तित्व के लिए संघर्ष', भीमबेटका, **III C-18/a**
(वाय. मठपाल द्वारा पुनर्रचित)

चित्र 2.12 : **बोझ उठाए हुए महिला, भीमबेटका II F-8** (वाय. मठपाल द्वारा पुनर्रचित)

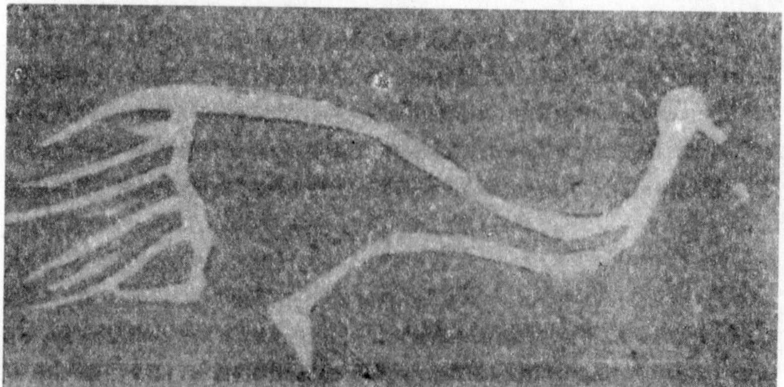

चित्र 2.13 : **मोरनी, भीमबेटका III C.-6** (वाय. मठपाल द्वारा पुनर्रचित)

नर्मदा घाटी में आदमगढ़ से 8000 वर्ष पूर्व (6000 ई.पू.) के आसपास मध्य पाषाण युग की संस्कृति में और भी तरक्की के चिह्न दिखाई देते हैं। यहाँ पालतू कुत्ता, जेबू, मवेशी, भैंस, भेड़ और सूअर की हड्डियाँ, बराबर मात्रा में जंगली हिरण, साही और छिपकलियों की हड्डियों के साक्ष्य मिलें हैं। यह साफ है कि यह एक शिकारी समुदाय था जो आंशिक रूप से पशुचारण की तरफ बढ़ रहा था। इनके औजार अभी भी सामानान्तर धार वाले फलक थे परन्तु इनके आकार एवं वेधनी, तक्षण, सूआ आदि के स्वरूप में भारी विविधता दिखाई देती है। हाथ से बने मिट्टी के बर्तन भी यहाँ मिले हैं। लोग शैलाश्रयों में रहते थे और प्रायः भारत में गुफा चित्रों के पहले निर्माता थे। भोपाल के निकट भीमबेटका के शैलाश्रयों में प्राचीनतम चित्र 6000 ई.पू. तक पुराने हो सकते हैं (हालाँकि ज्यादातर रेडियो कॉर्बन तिथि बहुत बाद के हैं) इन चित्रों में लोगों द्वारा तीर कमान लेकर जानवरों के शिकार का दृश्य दिखाया गया है (चित्र 2.11)। मानवाकृति छड़ी जैसे पतले स्वरूप में चित्रित हैं। एक आकर्षक चित्र में एक स्त्री को बोझ उठाए दिखाया गया है (चित्र 2.12)। किसी भी चित्र में ऐसे विशिष्ट व्यक्ति का चित्रण नहीं है जो समाज के अन्दर वर्ग या श्रेणी के आधार पर विभाजन को प्रतिबिम्बित करे। न ही इन चित्रों में खेती-बाड़ी या पशुचारण का ही कोई दृश्यांकन है। मोरनी का एक चित्र वास्तविक कलात्मक दक्षता को प्रकट करता है (चित्र 2.13)

तालिका 2.2

आरम्भिक मानव के तिथिक्रम

वर्ष पूर्व	
32 लाख	'लूसी' आस्ट्रॉलोपेथिकस अफ्रेनेनसिस
26-17 लाख	होमो हैबिलिस का काल
20 लाख	अफ्रीका में होमो इरेक्टस का उदय
20 लाख	ओल्डोवान उपकरण, रिवात (पाकिस्तान)
10 लाख	बट्टिकाश्म-शल्क संस्कृति, सोहन नदी घाटी (पाकिस्तान)
7-4 लाख	अशूली संस्कृति, पब्बी पहाड़ी (पाकिस्तान) और हिमाचल
5-1.3 लाख	'नर्मदा कपाल', हथनोरा, (विकसित होमो इरेक्टस या, पुरातन होमो सैपिएंस)
4-3 लाख	दक्षिण भारत की निम्न पुरापाषाण संस्कृतियाँ ('मद्रास उद्योग') राजस्थान, मध्य भारत
1.5 लाख से 50 हजार	मध्य पुरापाषाण संस्कृतियों—राजस्थान, मध्य एवं दक्षिण भारत
1.15 लाख	होमो सैपिएंस सैपिएंस (आधुनिक मानव) के दक्षिण अफ्रीका से प्राप्त प्राचीनतम जीवाश्म की तिथि।

75 हजार ?	भारत में आधुनिक मानव का आगमन
60 हजार ?	श्रीलंका में आधुनिक मानव का आगमन
60-20 हजार	पाकिस्तान की मध्य पुरापाषाण संस्कृति (सोहन घाटी, रोहरी पहाड़ी)
50-30 हजार	अफगानिस्तान में नियंडरथल मानव ?
34 हजार	श्रीलंका में सूक्ष्मपाषाणों का उदय
31 हजार	दक्षिण एशिया में आधुनिक मानव का प्राचीनतम जीवाश्म अवशेष (श्रीलंका)
25.5-10.5 हजार	कर्नाटक और मध्य भारत में उच्च पुरापाषाण संस्कृति
24 हजार	भारत का प्राचीनतम तिथि अंकित सूक्ष्म पाषाण (पाटने, महाराष्ट्र)
10 हजार	सराय नाहर राय और महादहा की मध्य पाषाण संस्कृतियाँ (उत्तर प्रदेश)
8 हजार	मध्य पाषाण संस्कृति, नर्मदा घाटी

टिप्पणी 2.1

प्रागैतिहास की तिथि-निर्धारण विधियाँ

पुरातत्वशास्त्रियों की शब्दावली में 'प्रागैतिहास' का अर्थ एक ऐसे काल से होता है जिसके लिए कोई लिखित सामग्री स्रोत के रूप में प्राप्त नहीं होता है। जिस काल से ऐसे साक्ष्य उपलब्ध होने लगते हैं वहाँ से हम 'इतिहास' के क्षेत्र में कदम रख देते हैं। 'आद्यइतिहास' में ऐसी संस्कृतियाँ आती हैं जिनके लेखन को हम पढ़ने में अक्षम होते हैं या फिर ऐसी संस्कृतियाँ जो स्वयं गैर-साक्षर होती हैं परन्तु जिनके विषय में कुछ सूचना या अन्तर्दृष्टि, साक्षर समाज के साथ उनके सम्पर्क से सम्बन्धित साक्ष्यों के माध्यम से प्राप्त होता है।

अध्याय दो में हमने जिन संस्कृतियों की चर्चा की है या अध्याय तीन में जिनकी चर्चा हम करने जा रहे हैं वे प्रागैतिहास से सम्बन्धित हैं, क्योंकि उनके विषय में हमारी पूरी जानकारी मात्र भौतिक अवशेषों से ही प्राप्त होती है। अतः स्वाभाविक रूप से उनके लिए कोई तिथि, हम किसी दस्तावेज के आधार पर निर्धारित नहीं कर सकते। हमें कई ऐसे साधन, खासतौर पर भौतिक विज्ञानों के माध्यम से, उपलब्ध हैं जिससे किसी खास अवशेष या स्थल, और उसकी मदद से उस संस्कृति जिससे उन वस्तुओं का सम्बन्ध रहा है, की तिथि निर्धारित की जा सकती है।

सबसे पहले, जब पुरातात्विक स्थलों की उत्खनन किया जाता है तो विभिन्न संस्कृतियों से सम्बन्धित स्तर एक-दूसरे के ऊपर पड़े हुए जाए जाते हैं। हालाँकि उत्खननों द्वारा उद्घाटित स्तरों के अवलोकन मात्र से इनकी पक्की तिथि मालूम नहीं

की जा सकती, फिर भी हम इनका अनुक्रम स्थापित कर सकते हैं, क्योंकि निचला स्तर उन संस्कृतियों से पुराना होगा जो उसके ऊपरवाले स्तरों से सम्बन्धित हैं। एक ही स्थल के विभिन्न अस्थि अवशेषों की सापेक्षिक (सुनिश्चित नहीं) तिथि उनमें क्लोरिन, नाइट्रोजन और यूरेनियम की मात्रा को माप कर स्थापित किया जा सकता है। क्योंकि हड्डी में क्लोरिन और यूरेनियम का स्तर समय के साथ बढ़ता जाता है जबकि नाइट्रोजन की मात्रा घटने लगती है। इनका मापन उन सांस्कृतिक चरणों को अनुक्रम प्रदानकर सकता है जिनसे वे हड्डियाँ जुड़ी रही हैं। एक स्तर से दूसरे के बीच समय को अन्तराल का, मध्यवर्ती निक्षेप की मोटाई के आधार पर अन्दाजा लगाया जा सकता है।

सुनिश्चित तिथि प्राप्त करने के लिए, जिसके लिए सापेक्षिक तिथिक्रम की भी मदद ली जा सकती है, कई प्रकार की विधियाँ विकसित की गई हैं। तिथि-निर्धारण की ऐसी दो प्रमुख विधियाँ रेडियो सक्रियता और चुम्बकत्व के माप पर आधारित हैं।

बहुत ही पुरानी तिथियों के लिए (1 लाख वर्ष से 50 अरब वर्ष तक) *पोटाशियम–ऑर्गन* (के–ए.आर.) *विधि* का उपयोग होता है जो रेडियो सक्रियता पर आधारित विधि है। पत्थर या चट्टान के एक टुकड़े की उम्र उसके अन्दर निहित पोटाशियम (के–40) और ऑर्गन (ए–40) के अनुपात को मापकर प्राप्त किया जा सकता है।

इन पुरातन तिथियों के निर्धारण के लिए दूसरी महत्त्वपूर्ण विधि *पुरा–चुम्बकत्व* (palao-magnetism) है। समुद्री चट्टानों और निक्षेपों में उस चुम्बकत्व क्षेत्र की दिशा बनी रहती है जो उसके निर्माण के समय मौजूद थी। इन चुम्बकत्व क्षेत्रों में परिवर्तन पूरी दुनिया में कुछ ज्ञात समयों में ही हुए हैं (जो पोटाशियम–ऑर्गन विधि से चुम्बकीय चट्टानों के अध्ययन से स्थापित है)। इस प्रकार ज्वालामुखी की चट्टानों या निक्षेपों के चुम्बकीय चरणों के निर्धारण के आधार पर तिथि अंकित की जा सकती है। यह तिथि उन चट्टानों में मौजूद जीवाश्मों पर भी लागू होगी। पिछले 50 लाख वर्षों में ऐसे चार बड़े चुम्बकीय परिवर्तन ज्ञात हैं

इन दोनों विधियों में अब और कई विधियों को जोड़ दिया गया है।

चट्टानों का *विखंडन-पदांकन* (fission-tracking) द्वारा तिथि निर्धारण किया जा रहा है। इसका उपयोग चट्टानों में निहित खनिजों के तिथि-निर्धारण के लिए, रेडियो सक्रिय आइसोटोप द्वारा निस्सरित कणों द्वारा छोड़े गए सूक्ष्म पथों यानी बिखंडन पथों की गिनती द्वारा की जाती हैं

रेडियो सक्रियता के क्षय को मापने की भी विभिन्न विधियाँ मौजूद हैं। जैसे यूरेनियम-थोरियम विधि जो साढ़े तीन लाख वर्ष पूर्व से भी पहले के समय की तिथि उपलब्ध करा सकता है। भारत में कुछ पुरापाषाण स्थलों का तिथिक्रम निर्धारित करने के लिए इस विधि का उपयोग किया गया है।

इन विधियों के प्राप्त अति पुरातन तिथियों के लिए संक्षेप में 'mya' या 'my' (million years ago) और 'Kya' याा ky (thousand years ago) का अक्सर उपयोग किया जाता है।

इससे कम पुरानी तिथियों को दर्ज करने के लिए, जहाँ अधिक परिशुद्धता की भी जरूरत होती है, रेडियो कॉर्बन विधि से जैविक पदार्थों का काल निर्धारण सबसे महत्त्वपूर्ण है। जब जीवित वस्तुओं में जीवन समाप्त हो जाता है तो उसमें मौजूद कॉर्बन-14 और कॉर्बन-12 का निश्चित अनुपात धीरे-धीरे एक स्थिर दर से घटना शुरू हो जाता है। इस परिवर्तन की दर ज्ञात होने के कारण, (कॉर्बन-14 5730 वर्ष का 'अर्द्ध-जीवन' रखता है) किसी मृत जैविक वस्तु में कॉर्बन-14 और कर्बन-12 के अनुपात का माप वर्तमान से उस काल के परिमाण को बता सकता है जिस समय वह खास वस्तु जीवन से अलग हुआ था। 1949 में इस विधि की खोज के कुछ समय बाद यह पता चला कि कॉर्बन-14 के क्षय की वर्तमान दर 800 ई.पू. के पहले के समय पर, ब्रह्मांडीय विकरण में अन्तर के कारण, लागू नहीं हो सकता। यह खासतौर पर कॉर्बन-14 द्वारा प्राप्त तिथियों की तुलना, जलवायु परिवर्तन के तिथिक्रम निर्धारण यानी डेंड्रोक्रोनोलॉजी द्वारा प्राप्त तिथियों से करने पर स्थापित हुआ। पेड़ों के ऊपर छाल की मोटाई नम वर्षों में अधिक और सूखे वर्षों में कम होती है। इसलिए पेड़ों के तनों पर वार्षिक वृक्ष-छल्लों का अध्ययन और उनकी गिनती करने से जलवायु परिवत्रन का तिथिक्रम निर्धारित किया जा सकता है। अमेरिका के कैलिफोर्निया प्रान्त में पुराने मृत पेड़ के वार्षिक वृक्ष-छल्लों के अध्ययन द्वारा 7000 वर्षों का लगातार भरपूर बरसात और सूखे का एक तिथिक्रम तैयार किया गया। परन्तु यह तिथिक्रम मृत पेड़ के रेडियो कॉर्बन तिथि से मेल नहीं खाई। इस अन्तर को दूर करने के लिए 'अंशशोधन' (Caliberation) का सहारा लिया गया, अर्थात 800 ई.पू. के पहले के समय के लिए कॉर्बन-14 के क्षय की विभिन्न दरों का अनुमान करते हुए आज प्राप्त कॉर्बन-14 तिथि में कुछ वर्षों को जोड़ दिया गया। अंशशोधित कॉर्बन तिथि मिश्र और ईराक से प्राप्त दस्तावेजी सामाग्रियों के साथ अधिक मेल खाती थी। अतः गैर-अंशशोधित कॉर्बन तिथि का उपयोग 800 ई. पू. से पहले के काल के सन्दर्भ में बिल्कुल नहीं किया जाना चाहिए, क्योंकि हम जैसे-जैसे पीछे चलते जाते हैं, अन्तर उतना ही ज्यादा होता जाता है। कॉर्बन तिथि से प्राप्त 3000 ई.पू. अंशशोधन के बाद 3700 ई.पू. हो जाता है। वृक्ष-छल्लों के आधार पर अंशशोधित कॉर्बन तिथिं तालिका अब 8000 ई.पू. तक के लिए उपलब्ध है जो अंशशोधन के बाद 9350 ई.पू. हो जाता है। समुद्र में मूंगे के निक्षेपों के अध्ययन के आधार पर कॉर्बन तिथि को 18,000 ई.पू. तक ले जाया गया है जो अंशशोधन के बाद 21650 ई.पू. हो जाता है। इससे पूर्व की कॉर्बन तिथि को वैसे ही प्रस्तुत कर दिया जाता है क्योंकि अभी तक कोई ऐसा उपाय नहीं निकला है जिससे उन तिथियों को अंशशोधित किया जा सके। 40,000 ई.पू. से पहले की कॉर्बन तिथि बहुत विश्वसनीय नहीं मानी जाती है। हालाँकि अब तक बेहतर तकनीक के रूप में एक्सेलेटर मास एथेक्ट्रोमीटर का उपयोग शुरू हुआ है जो 1,00,000 वर्ष तक पुराने जैविक वस्तुओं

का तिथि निर्धारण कर सकता है।

कॉर्बन तिथि हमेशा मानक विचलन के साथ प्रस्तुत किया जाता है जो तिथियों के एक दायरे को निर्धारित करता है न कि खास सुनिश्चित तिथि को। यदि कॉर्बन तिथि कभी-कभी स्थापित स्तर विन्यास के अनुक्रम के विपरीत चला जाता है (यानी निचले स्तर की कॉर्बन तिथि ऊपरी-स्तर से बाद का दिखता है) या किसी अन्य तरीके से भिन्नता दर्शाता है तो ऐसा कई कारणों से हो सकता है। मसलन, पुरातत्वशास्त्री ने स्तरों के अध्ययन में गलती की हो या नमूने का हिस्सा बाद के जैविक वस्तुओं के साथ मिलकर अशुद्ध हो गया हो या सिर्फ प्रयोगशाला के स्तर पर ही कोई गड़बड़ी हो गई हो। ऐसे मामलों में तिथियों का चुनाव सम्भावनाओं के आधार पर करना अनिवार्य हो जाता है।

कॉर्बन तिथि को BP यानी 'बिफोर प्रेजेंट' के रूप में पारंपरिक रूप से प्रस्तुत किया जाता है जिसमें वर्तमान वर्ष 1950 निर्धारित किया गया है इन बी.पी. तिथियों को बी.सी. (ईसा पूर्व) में बदलने के लिए उसमें से 1950 वर्ष घटाना होगा। यदि तिथि 1950 बी.पी. से कम हो तो फिर उस तिथि को 1950 में से घटाकर ए.डी. (ई.) में बदला जा सकता है। इस प्रकार 3000 बी.पी. 1050 ई.पू. तथा 500 बी.पी. 1450 ई. के बराबर होगा। हालाँकि बी.पी. के उपयोग की शुरुआत कॉर्बन तिथि के सन्दर्भ में ही हुआ परन्तु अब इसका उपयोग अन्य विधियों से तिथि निर्धारण के सन्दर्भ में भी होने लगा है।

जिन वस्तुओं को कभी आग में पकाया गया हो, उनकी तिथि निर्धारित करने के लिए एक विधि बहुत उपयोगी है जिसे *थर्मोल्यूमिनिसेंस* (टी.एल.) विधि कहा जाता है। अभी तक मुख्य रूप से इसने हमें मृदभांडों की तिथि दी है। कच्ची मिट्टी को आग में पकाने के बाद इसमें निहित स्फटिक (क्वाज) ऊर्जा का उत्सर्जन करता है। ठंडा होने के बाद क्वार्ज फिर से ऊर्जा का संचय करने लगता है। जब इस पुनर्संचित ऊर्जा की मात्रा मापी जाती है तो उसका परिमाण उस काल का निर्धारण कर देता है जब पहली बार उसे पकाकर मृदभांड बनाया गया था। इस विधि-का उपयोग अब मिट्टी या चकमक पत्थर, जिन्हें आग में कभी गरम किया गया हो, पर भी किया जा रहा है। इससे हमें और पहले (मृदभांड-पूर्व) के काल के अवशेषों और सामग्रियों के तिथि निर्धारण में मदद मिल सकती है।

इसी से मिलती-जुलती एक अन्य विधि है जिसे *'ऑप्टीकली सिमुलेटेड ल्यूमिनिसेंस* (ओ.एस.एल.) विधि कहा जाता है। यह इस तथ्य पर आधारित है कि जब खनिजों को जमीन के नीचे दबाया जाता है तो उनमें फंसे प्रकाश संवेदी इलेक्ट्रॉन की संख्या कालक्रम में बढ़ती चली जाती है। जब इसे प्रयोगशाला के प्रकाश में बाहर लाया जाता है तो इलेक्ट्रॉन से उत्सर्जित प्रकाश जैसे-जैसे निकलते हैं उनकी मात्रा मापी जा सकती है। इससे उस काल की गणना की जा सकती है कि यह खनिज कितने समय तक धरती में गड़ा हुआ था।

अन्ततः एक और विधि है जिसे इलेक्ट्रॉन स्पिन रेजोनेंस (इ.सी.आर.) कहा जाता है और इसका उपयोग हाल ही के समय में शुरू हुआ है।

टिप्पणी 2.2

पुस्तक सूची टिप्पणी

पूरे विश्व के सन्दर्भ में प्रागैतिहासिक काल का विवरण देते हुए दो महत्त्वपूर्ण संकलन 1994 मे प्रकाशित हुआ था। एस.जे.डी. लेट (सं.) *हिस्ट्री आफ ह्यूमैनिटी,* खंड 1; *प्री हिस्ट्री एंड द बिगिनिंग्स आफ सिविलाइजेशन,* यूनेस्को, पेरिस / लन्दन, इस पुस्तक ने मुख्य रूप से पुरातात्विक साक्ष्यों को प्रस्तुत किया है। जबकि एल.एल. कावेल्ली, पी. मेनोज्जी और ए. पियाज्जा ने अपनी पुस्तक *हिस्ट्री एंड ज्योग्राफी ऑफ ह्यूमन जींस* में अनुवांशिकी साक्ष्यों को प्रस्तुत किया है। हालाँकि इन दोनों में नवीन सूचनाओं को जोड़ने की जरूरत है क्योंकि पूरी दुनिया में कई नए पुरातात्विक खोजों की रिपोर्ट मिली है। साथ ही तिथि निर्धारण की नई तकनीकों के उपयोग के कारण कई नई बातें और सुझाव सामने आए हैं। पीटर बोगुकी की *द ओरिजिंस ऑफ ह्यूमैन सोसाइटी* ऑक्सफोर्ड, 1999 एक उपयोगी पाठ्य पुस्तक है जो बहुत ही विवेकपूर्ण तरीके से नई सूचनाओं और प्रमुख विवादों को प्रस्तुत करता है। *एंटीक्वीटी,* लन्दन और *आर्कियोलॉजी,* न्यूयॉर्क जैसी पत्रिकाओं के हाल के अंक से भी हम अपने को नए आँकड़ों और व्याख्याओं से परिचित रख सकते हैं। इयान टैटरसल का लेख *'वन्स वी वेयर नाट अलोन', साइंटिफिक अमेरिकन,* जनवरी, 2000, पृ. 38-44 अब समाप्त हो चुके होमीनिड प्रजाति के साथ हमारी प्रजाति के सम्बन्धों पर बहुत रोचक बहस प्रस्तुत करता है।

भारत (1947 से पूर्व की सीमाओं के साथ) के लिए ब्रिजेट और रेमंड आलचीन की, *द राइज ऑफ सिविलाजेशन इन इंडिया एंड पाकिस्तान',* भारत संस्करण, नई दिल्ली, 1983, अभी भी बहुत उपयोगी है, हालाँकि अब यह कुछ पुराना पड़ गया है। इसी समय के आसपास छपी डी.पी. अग्रवाल की पुस्तक *दी आर्कियोलॉजी ऑफ इंडिया,* लन्दन, 1982 भी उपयोगी है। बी. और आर. आलचिन ने अपनी पुरानी पुस्तक को एक नई संक्षिप्त पुस्तक *'ओरिजींस आफ ए सिविलाइजेशन : द प्री हिस्ट्री एंड अर्ली आर्कियोलॉजी ऑफ साउथ,* नई दिल्ली, 1997 के रूप में प्रस्तुत किया है। उत्तरी भारत, पाकिस्तान और अफगानिस्तान के लिए ए.एच. दानी (सं.) *हिस्ट्री ऑफ सिविलाइजेशन ऑफ सेंट्रल एशिया,* खंड I, यूनेस्को, पेरिस 1992 (इसमें बी. आलचिन का भी एक लेख है) मध्य एशिया के दृष्टिकोण से प्रकाश डालता है। इसमें वी.सी. श्रीवास्तव की *द प्री हिस्टॉरिक अफगानिस्तान : ए सोर्स बुक,* इलाहाबाद, 1982 भी मदद कर सकता है। दिलीप कुमार चक्रवर्ती की पुस्तक *इंडिया : एन आर्कियोलॉजिकल हिस्ट्री,* नई दिल्ली, 1999 का अध्याय 2 और 3 नवीनतम सामग्री और सन्दर्भ प्रस्तुत करता है।

भारतीय उपमहाद्वीप के लिए *साउथ एशियन आर्कियोलॉजी* के अंक, जो हर दूसरे

साल प्रकाशित होता है, (क्योंकि यह योरोपियन एसोशियेसन ऑफ साउथ एशियन आर्कियोलाजिस्ट्स का प्रोसिडिंग्स / कार्यवाही विवरण है) प्रागैतिहास पर काफी समृद्ध सामग्री उपलब्ध कराता है। भारत की दो प्रासंगिक पत्रिकाएँ हैं—*मैने एंड इनवायरेनमेंट* और पुरातत्व। हालाँकि पुरातत्व की क्वालिटी हमेशा समान नहीं रहती।

पोटवार / पब्वी पहाड़ियों से सम्बन्धित संस्कृतियों पर किए गए शोधों का अच्छा संकलन आर.डब्ल्यू. डेनैल के *'दी अर्ली स्टोन एज ऑफ पाकिस्तान : ए मेथोडोलाजिकल रिव्यू* में उपलब्ध है जो *मैन एंड इनवायरेनमेंट,* खंड 20, सं. 1, पुणे, 1995, पृ. 21-28 में छपा है। *पाकिस्तान आर्कियोलॉजी* सं. 23, 1987-88, पृ. 1-42 और सं. 24, 1989, पृ. 1-20 में एस.एम. अशफाक और सलीम उल हक तथा बी. आलचिन और आर.डब्ल्यू. डेनैल का आलेख भी देखें। एम. सलीम, *'द पेलियोलिथिक कल्चर्स ऑफ पोटवार'* जनरल ऑफ सेंट्रल एशिया, खंड 20, सं. 2, इस्लामाबाद, 1997 भी देखें।

शोरापुर दोआब के फलक औजार उद्योग पर देखें, के. पदैय्या का आलेख एस. बी. देव और एम.के. धावलीकर (सं.) *एटडीज इन इंडियन ऑर्कियोलॉजी,* मुम्बई, 1985, पृ. 165-90 में।

सराय नाहर राय और महादहा के लिए देखें जी.आर. शर्मा, वी.डी. मिश्रा आदि का *फ्राम हंटिंग एंड फूड गैदरिंग टू डोमिस्टीकेशन ऑफ प्लांट्स एंड एनीमल...*(एक्सकेवेशन ऐट *चोपानी मांडों, महादहा एंड महागरा*), इलाहाबाद, 1980। महादहा से प्राप्त मानव कंकालों का विवरण पृ. 86-98 पर है।

ए.के. बेग (सं.) *हिस्ट्री ऑफ टेक्नोलॉजी इन इंडिया,* खंड 1, नई दिल्ली, 1997, पृ. 1-27 में विदुला जायसवाल द्वारा विभिन्न प्रस्तर तकनीकों पर लिखा गया वर्णनात्मक अध्याय उपयोगी है।

यशोधर मठपाल की पुस्तक *प्री हिस्टॉरिक रॉक पेंटिंग्स ऑफ भीमबेटका, सेंट्रल इंडिया,* नई दिल्ली, 1984 भीबेटका के गुफा चित्रों की बिल्कुल सटीक अनुलिपि एवं विस्तृत तकनीकी जानकारी प्रदान करता है।

जी.एल. पॉशेल की पुस्तक *रेडियोकॉर्बन डेट्स फॉर साउथ एशियन आर्कियोलॉजी,* यूनिवर्सिटी ऑफ पेनसिलवानिया, 1989 भी महत्त्वपूर्ण मददगार है।

3

नवपाषाण क्रान्ति : खेती और पशुपालन का आरम्भ

3.1 'नवपाषाण क्रान्ति' का अर्थ

मानव के आरम्भिक औजार पत्थर के एक टुकड़े को दूसरे पर आघात कर तैयार किए जाते थे, जिससे औजारों की सतह खुरदुरी और स्वरूप असमान हो जाता था। बाद में इनके साथ-साथ पत्थर के घर्षित औजार बनाए जाने लगे जिसके लिए एक पत्थर को दूसरे पर रगड़ा जाता था या फिर कठोर पत्थर के खंड पर मुलायम पत्थर के टुकड़े को हाथ से धीरे-धीरे घुमाया जाता था। इसलिए इन औजारों का आकार समरूप और गोलाकार तथा सतह चिकनी होती भी (चित्र 3.1)। इन औजारों की नोक भी ज्यादा तेज बनाई जा सकती थी। लम्बे हत्थे के साथ कुल्हाड़ी या गैंती या तीर की नोंक के रूप में काम करनेवाले ये औजार पहले के पुरापाषाण या मध्य-पाषाण कालीन औजारों से साधारणतया ज्यादा कारगर होते थे। प्रसिद्ध पुरातत्वशास्त्री की. गार्डन चाइल्ड (1892-1957) ने यह दिखाया कि ये नवपाषाण कालीन औजार मानव के भौतिक जीवन में होनेवाले कुछ अति महत्त्वपूर्ण परिवर्तनों के साथ जुड़े रहे हैं। ये चिकने औजार, हो सकता है जंगली बीजों का भूसा उतारने के लिए, पत्थर से कुटाई-पिसाई की प्रक्रिया के दौरान विकसित हुए हों। अध्याय 2.4 में हमने देखा है कि सराय नाहर राय और महादहा से 8000 ई.पू. का सिलबट्टा प्राप्त हुआ है जिसका उपयोग जंगली अनाजों को पीसने के लिए किया जाता रहा होगा। (पश्चिम एशिया में उखल-मूसल 9000 ई. पू. के स्तर से प्राप्त किया गया है)। चूँकि सिलबट्टा का पत्थर घर्षण के दौरान घिसकर चिकना हो जाता है, इसलिए समय के दौरान औजार बनानेवालों को इस सम्भावना का पता होगा कि घिस कर औजारों की समूची सतह को चिकना बनाया जा सकता है।

चाइल्ड ने यह तर्क दिया कि एक बार नवपाषाण औजारों का निर्माण शुरू हो जाने के बाद इनसे खेती की शुरुआत में भी आसानी हो गई। यह तब हुआ जब लोगों को (प्रायः औरतों को, क्योंकि श्रम के लैंगिक-विभाजन में औरतें बीज और कन्दमूल इकट्ठा करने का काम करती थीं, जबकि पुरुष मुख्यतः शिकार करते थे) यह पता चला कि

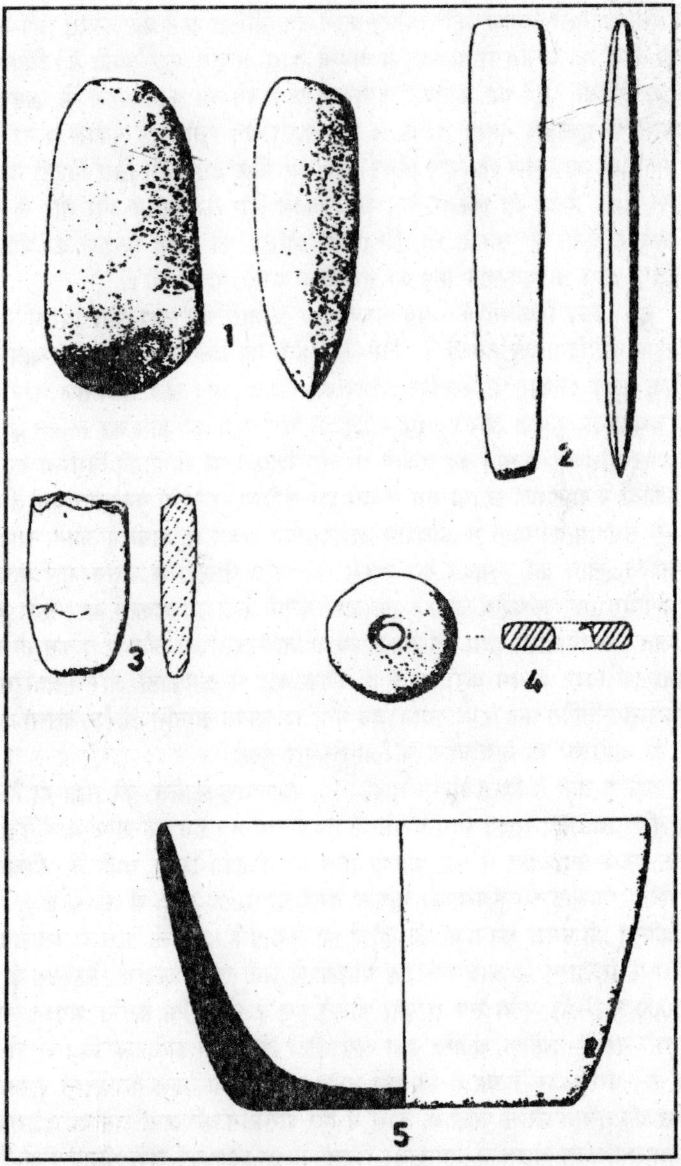

चित्र 3.1 **: नवपाषाण उपकरण : घर्षित पाषाण उपकरण, मेहरगढ़, चरण I. 1. कुठार, 2. फलक, 3. दीर्घ फलक, 4. छल्ला, 5. ओखली (जे.एफ. जारिज से साभार)**

उन्हें सिर्फ जंगली अनाजों को इकट्ठा करने तक सीमित रहने की जरूरत नहीं है, बल्कि इनके बीजों को जमीन में डालकर वे अपनी खाद्य आपूर्ति बढ़ा सकते हैं। चिकने पत्थर की कुल्हाड़ियाँ, पेड़ों को काटकर जमीन साफ करने का काम पहले के ऊबड़-खाबड़ औजारों के मुकाबले बेहतर तरीके से कर सकते थे। इसी तरह नुकीले पत्थर के गैंती या लाठी के आगे तेज नोकदार पत्थर बाँध कर बीज डालने के लिए मिट्टी को बेहतर ढंग से तैयार किया जा सकता था। अब नुकीले और तेज भाला और तीर से आसानी से शिकार किया जा सकता था, जिससे शिकारियों को अपने शिकार का पीछा करने के लिए पहले के मुकाबले कम ही दूरी तय करनी पड़ती थी।

कुछ अन्य विकासों का श्रेय नवपाषाण औजारों को नहीं, निश्चय ही खेती की शुरुआत को दिया जा सकता है। जैसे-जैसे खेती का विस्तार होता गया, पशुपालन को अधिक सुदृढ़ आधार पर स्थापित किया जा सकता था। खेत से फसल काट लेने के बाद बचा हुआ पुआल और पतवार मवेशी के लिए चारा का काम कर सकता था जिससे दूध और मांस की आपूर्ति बढ़ सकती थी और शिकार पर लोगों की निर्भरता घट सकती थी। गाँवों में रहनेवाले स्थायी रूप से बसे हुए खेतिहर समुदायों का उदय अब हो सकता था। ये समुदाय कालक्रम में अधिशेष उत्पादन कर सकते थे, यानी वे अपने भरण-पोषण से अधिक खाद्य का उत्पादन कर सकते थे। कच्ची मिट्टी के बर्तन और कच्ची ईंटों का उपयोग कर अधिशेष अनाज को जमा करके रखा जा सकता था। ऐसे अधिशेष का अब गैर उत्पादकों द्वारा अधिग्रहण किया जा सकता था और वे ताकत के बल पर अपना अधिकार कायम कर सकते थे, जिसे बाद में कर्मकांडों और रीति-रिवाजों के माध्यम से स्थापित कर दिया गया। अब वर्ग, व्यक्तिगत सम्पत्ति और राजसत्ता का उदय ऐसे ही अधिशेष के अधिग्रहण के आधार पर हुआ।

यही वे बातें हैं जिन्हें गॉर्डन चाइल्ड ने 'नवपाषाण क्रान्ति' की संज्ञा दी है। उनके बाद बहुत सारे नए साक्ष्य सामने आए हैं। इसलिए अब हम यह साफ-साफ देख सकते हैं कि हमारे उपहाद्वीप में यह प्रक्रिया कैसे घटित हुई। सिन्धु घाटी के पश्चिमी छोर पर स्थित मेहरगढ़ (बलूचिस्तान) नामक जगह पर 7000 ई.पू. से 3800 ई.पू. के बीच इस क्रान्ति की प्रमुख घटनाओं को खोजा जा सकता है। चाइल्ड द्वारा दी गई नवपाषाण क्रान्ति के सिद्धान्त के आलोचक इस प्रक्रिया में लगी लम्बी अवधि—मेहरगढ़ के सन्दर्भ में 3000 वर्ष—पर मुख्य रूप से जोर डालते हुए कहते हैं कि क्रान्ति शब्द इसके लिए उपयुक्त नहीं है क्योंकि 'क्रान्ति' का अर्थ छोटी अवधि में होनेवाला विशाल परिवर्ततन होता है। परन्तु जरूरी यह है कि हम नवपाषाण क्रान्ति काल के दौरान परिवर्तन की रफ्तार की तुलना उससे पहले के काल में हुए परिवर्तन की अवधि से करें। इससे पहले मध्यपाषाण काल भारत के ज्यादातर हिस्सों में 25,000 वर्ष तक मौजूद रहा और इस दौरान मानव मूलतः खाद्य संग्राहक और शिकारी ही बना रहा । इसके आठवें हिस्से से भी कम समय में यह सब कुछ नवपाषाण काल में बदल गया। 7000 ई.पू. में पाकिस्तान के पश्चिमी सीमावर्ती इलाकों में नवपाषाण तकनीक पहली बार सामने आया

और फिर सब कुछ बदलने लगा। नवपाषण काल की अपेक्षाकृत लघु अवधि और उसके साथ मानव के सामाजिक जीवन में जो व्यापक परिवर्तन आया, इसके कारण 'क्रान्ति' शब्द का उपयोग उपयुक्त है।

3.2 पश्चिमी सीमान्त प्रदेश के प्रथम कृषक समुदाय, 7000ई.पू.-4000 ई.पू.

नवपाषाण तकनीकों का पहला ज्ञात उपयोग 10,000 से 9,000 ई.पू. के बीच सीरीया और फीलस्तीन के नातूफियन लोगों द्वारा किया गया। सम्भवतः ये तकनीक भारत के दरवाजे पर 10,000 ई.पू. के आसपास ही दस्तक देने लगे थे, यदि हम उत्तरी अफगानिस्तान के घर-ए-अस्प या अक-कुपरूक II के मृदभाँड पूर्व स्तरों से नवपाषाण

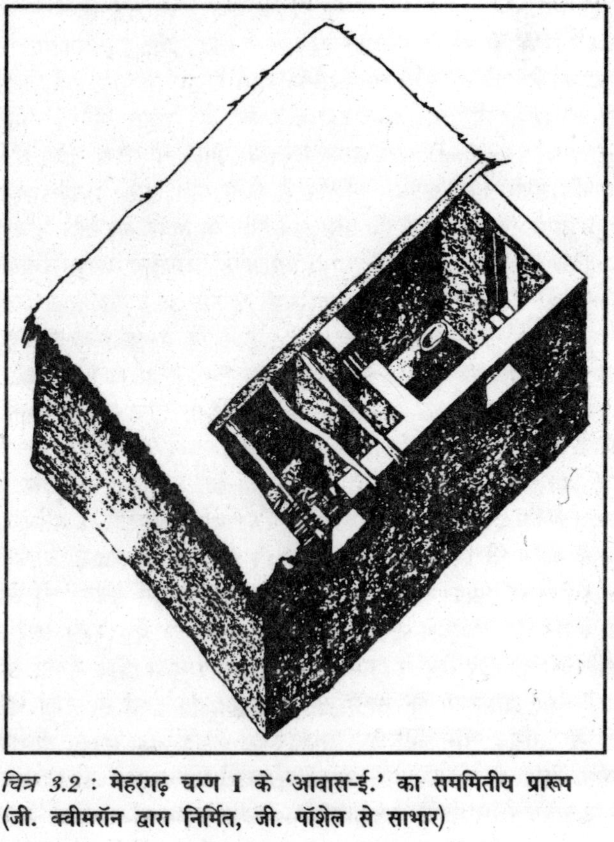

चित्र 3.2 : मेहरगढ़ चरण I के 'आवास-ई.' का सममितीय प्रारूप (जी. क्वीमरॉन द्वारा निर्मित, जी. पॉशेल से साभार)

कालीन औजारों के साथ प्राप्त कुछ छिटपुट कॉर्बन तिथियों (नवीनतम अंशशोधन) पर निर्भर करें। परन्तु 7500 ई.पू. की तिथि अधिक सुनिश्चित लगती है जो इसके नजदीक ही अन्य स्थलों घर-ए-मार या अक-कुपरूक I से प्राप्त होती हैं। यहाँ 16,000 वर्ष पूर्व ही भेड़ों और बकरियों को पालतू बना लिया गया था। लगता है पूरे अफगानिस्तान में नवपाषण कालीन तकनीकों का विस्तार हो चुका था ताकि वे सिन्धु घाटी में फैल सकें। प्रसिद्ध बोलन दर्रे के ठीक नीचे बलूचिस्तान के अन्दर कच्ची के मैदानों में, जो भौगोलिक दृष्टि से सिन्धु घाटी के अन्दर ही माना जा सकता है, मेहरगढ़ का अतिमहत्त्वपूर्ण स्थल है। मेहरगढ़ ने नवपाषाण क्रान्ति से सम्बन्धित सभी महत्त्वपूर्ण चरणों को देखा है।

मेहरगढ़ का प्रथम चरण (कॉर्बन-14 के आधार पर) मोटे तौर पर 7000 ई.पू. से 5000 ई.पू. के बीच पाया जाता है। अपने इस सबसे पहले चरण में भी इस गाँव के लोग नियमित आकार की धूप में सुखाई कच्ची ईंटों से बने घरों में रहते थे। ये घर छोटे-छोटे कमरों में बँटे हुए थे और उनमें आग जलाने के लिए निश्चित जगह बनी हुई थी (देखें चित्र 3.2)। यह भी सम्भव है कि कुछ भवन बड़े भंडारघर रहे हों।

खेती की मौजूदगी बीजों के प्राप्त होने से साबित होती है। ज्यादातर बीज छह धारीवाले जौ का है। जौ की कुछ उप-प्रजातियों जैसे छिलकेदार छह धारी (hulled six row) और दो धारी जौ (two row barley) तथ कई प्रकार के गेहूँ जैसे एन्कॉर्न (Enkorn), एम्मर (Emmer) और कठोर (Hard) आदि भी छोटी मात्रा में मिले हैं। यह अनाज की खेती प्रायः पश्चिम एशिया से फैली थी। खेती ने पशुपालन को भी बढ़ावा दिया होगा। बकरी पहले ही पालतू बनाया जा चुका था और कूबड़दार बैल (भारत का विशिष्ट बैल या जेबू एवं गाय) और भेड़ों को अब पालतू बनाकर पकड़ी गई जंगली प्रजातियों से उनका प्रजनन करवाया जा रहा था। भैंस सहित कई जंगली जानवर अभी पालतू नहीं बनाए गए थे, परन्तु फिर भी वे खाद्य के महत्त्वपूर्ण श्रोत थे। इसलिए शिकार अभी भी एक महत्त्वपूर्ण पेशा बना हुआ था।

इस स्थल से कई प्रकार के नवपाषाण कालीन औजार प्राप्त हुए हैं, जिनमें चक्की, मूसल, सिलबट्टा, कटोरी (चित्र 3.1) के साथ-साथ पतले पत्थर के फलक तथा कई अन्य पत्थर और हड्डी के औजार भी शामिल हैं। इस स्थल के स्तरों पर पुनर्विचार से ऐसा लगता है कि इसका चरण I मृदभांड-पूर्व यानी बिना मिट्टी के बर्तनोंवाला था। बुनाई के कुछ संकेत भी मिलते हैं क्योंक न केवल सरकंडों की टोकरी, बल्कि जानवरों के बाल और ऊन से कपड़े भी बनाए जा रहे थे। लोग अपने मृतकों को दफनाते थे और उनके शरीर पर आभूषण जैसे सेलखड़ी के मनकों से बने गहने और शंख की चूड़ियाँ आदि वैसे ही छोड़ देते थे। दस्तकारी की इन वस्तुओं और अनाज के विशाल भंडारों को देखकर लगता है कि सामाजिक विभाजन का उदय हो चुका था, जिसमें शक्तिशाली और समृद्ध लोग अधिशेष उत्पादन का ज्यादा बड़ा हिस्सा हथिया लेते थे और इन अनाजों के बदले अपेक्षाकृत महँगी दस्तकारी की वस्तुओं को प्राप्त करते थे। अतः कृषि उत्पादन से न केवल पशुपालन को बढ़ावा मिला बल्कि इसने दस्तकारी के

विकास का आधार भी तैयार किया।

पाँचवीं सहस्राब्दी ई.पू. (5000 से 4000 ई.पू.) में मेहरगढ़ अपने द्वितीय चरण से गुजर रहा था। शायद पहले चरणवाले लोग ही इस समय यहाँ थे क्योंकि कई मामलों में निरन्तरता देखी जा सकती है, हालाँकि कई प्रमुख परिवर्तन भी मौजूद हैं। घर अभी भी कच्ची ईंटों के बनाए जा रहे थे लेकिन अब वे कई आकारों के मिलते हैं। अन्न भंडार जैसे दिखनेवाले ढाँचे और बड़े हो गए थे, जो इस बात का प्रमाण है कि कृषि में और विकास हुआ था। डामर (बिट्मन) के टुकड़ों में पत्थर के फलक या ब्लेड लगाकर दराँती या हँसिया बनाया गया जो हमारे उपमाहद्वीप में पाया गया सबसे पहला, खासतौर पर खेती और फसल काटने के लिए बनाया गया औजार है (चित्र 3.3)। इय चरण में पाए गए गेहूँ और जौ के बीज उस प्रकार के है। जिन्हें सिंचाई की जरूरत होती है। कम बारिशवाले इस इलाके में सिंचाई उपलब्ध कराने के लिए पानी के छोटे नालों पर बाँध बनाकर पानी इकट्ठा किया गया होगा। पानी के ऊपर नियन्त्रण हो जाने के बाद प्रायः लोगों को कपास की खेती शुरू करने में मदद मिली होगी। मेहरगढ़ चरण II में बड़े पैमाने पर कपास के जले बीज पाए गए, जो वस्त्र के इस स्रोत की प्राचीनतम (4000 ई.पू. के पहले) प्राप्ति हैं। इसलिए यह कृषि के विश्व इतिहास में एक महत्त्वपूर्ण घटना का प्रतीक है। 4000 ई.पू. के आसपास इनकी बकरियों का आकार काफी छोटा हो चुका था और अब भेड़ों का आकार छोटा होने लगा था, जो इनके पालतूकरण का निश्चित प्रमाण है। कुछ जेबू मवेशी अभी भी जंगलों से पकड़े जाते थे परन्तु हड्डियों के अध्ययन के आधार पर कहा जा सकता है कि मांस प्राप्त

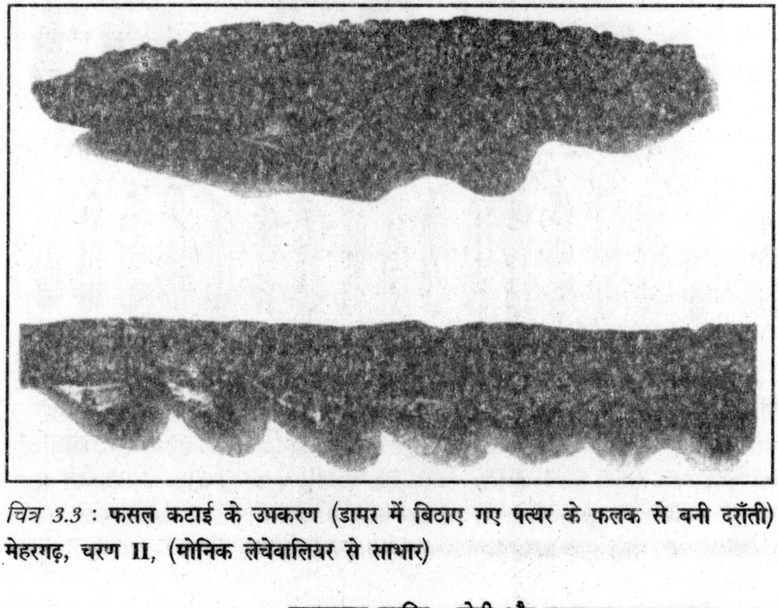

चित्र 3.3 : **फसल कटाई के उपकरण (डामर में बिठाए गए पत्थर के फलक से बनी दराँती) मेहरगढ़, चरण II, (मोनिक लेचेवालियर से साभार)**

करने के लिए जंगली से कहीं ज्यादा पालतू मवेशी का उपयोग हो रहा था।

इस चरण में दस्तकारी के विकास में कई रोमांचकारी नए तत्त्वों का समावेश हुआ। सबसे पहले मिट्टी के बर्तन बनाने की कला आई। शुरुआत में गीली मिट्टी के गोलों को एक-दूसरे के ऊपर रखकर आड़े-तिरछे आकार के बर्तन बनाए जाते थे परन्तु धूप

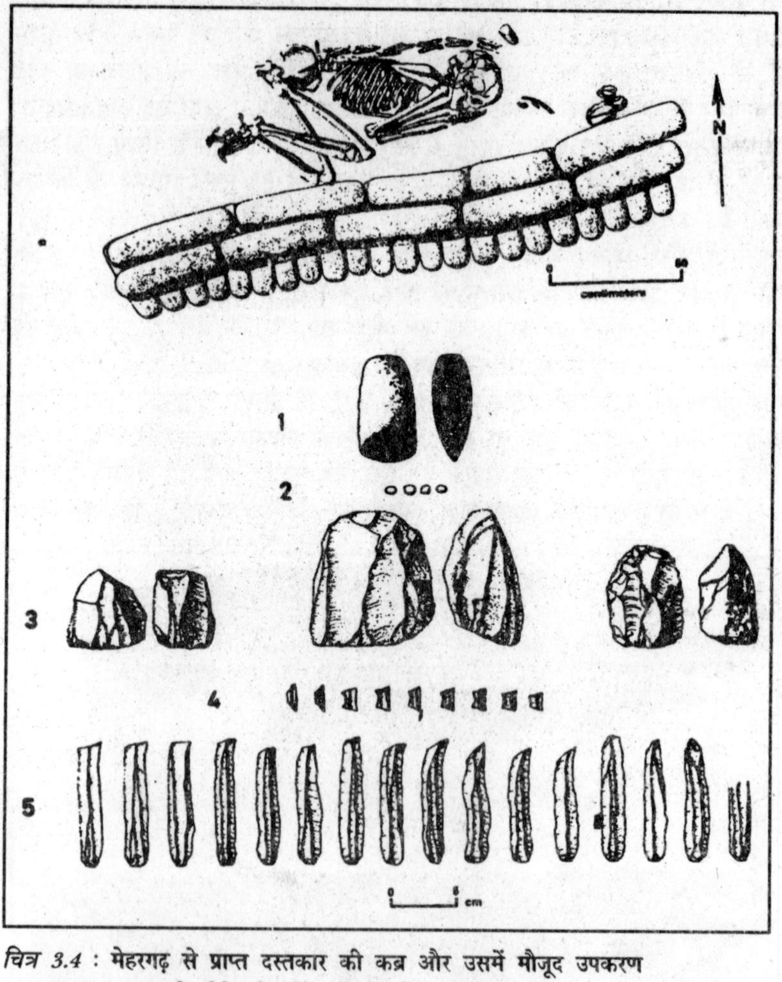

चित्र 3.4 : मेहरगढ़ से प्राप्त दस्तकार की कब्र और उसमें मौजूद उपकरण
उपकरण क्रम ऊपर से नीचे की ओर लगे हुए हैं : 1. घर्षित प्रस्तर कुठार, 2. फिरोज़ा के चार मनके, 3. औजार बनाने के लिए तैयार तीन चकमक पत्थर के क्रोड, 4. चकमक पत्थर के नौ ज्यामितिक सूक्ष्मपाषाण, 5. सोलह चकमक फलक (जे.ए. जारिज आदि द्वारा पुनर्निर्मित, जी. पॉशेल से साभार)

में सुखाए इन बर्तनों का उपयोग किया जा सकता था। इसके बाद टोकरी पर डामर पोत कर उसे बर्तन बनाने के लिए साँचे की तरह उपयोग किया जाने लगा। बर्तन को मजबूती देने के लिए उसे टोकरी के साथ ही पकाया जाता था। द्वितीय चरण के अन्तिम दिनों में, करीब 4000 ई.पू. के आस-पास, कुम्हार के चाक का आगमन हुआ। यह तकनीकी उपकरण पश्चिम एशिया से आयात किया गया था, जहाँ यह 5000 ई.पू. के आस-पास उपयोग होने लगा था। इस क्षैतिज पहिए पर बर्तन को घुमाया जा सकता था, जिससे इसे तेजी से समरूप आकार दिया जा सके। ऐसा करना उस समय सोचा भी नहीं जा सकता था, जब बर्तन हाथ से बनाए जाते थे। अतः यह एक समय बचानेवाला आविष्कार था, जिसने मिट्टी के बर्तनों को सस्ता और सबके लिए सुलभ बना दिया।

मेहरगढ़ चरण एक की तरह ही चरण दो में भी प्राप्त औजार, पत्थर और हड्डियों के ही बने हैं, परन्तु अब उनके प्रकार अधिक हो गए थे। सबसे रोचक तथाकथित 'कारीगर की कब्र' है जिसमें दफनाए गए आदमी के साथ पालिशदार (नवपाषाण) कुल्हाड़ी, चकमक पत्थर के तीन क्रोड़ या टुकड़े, (जिनसे औजार बनाए जाने थे ?), चकमक के नौ ज्यामितीय सूक्ष्मपाषाण और सोलह अपखंडित (chipped) फलक पाए गए हैं। (चित्र 3.4)। यह दिखाता है कि कैसे मध्य पाषाण औजारों का नए उद्देश्यों के लिए उपयोग किया जा सकता था। टोकरी निर्माण से बुनाई शुरू हो जाना तो तय हो ही जाता है, साथ ही एक बार कपास की खेती शुरू हो जाने के बाद यह मान लिया जा सकता है कि सूत कातकर कपड़ा बनाने का आरम्भ भी हो चुका था।

इनकी कब्रों में कर्मकांड के उपयोग (चरण एक से ही लाल गेरू का उपयोग दिखने लगता है) के विस्तृत साक्ष्य मिलते हैं, जिससे मृत्यु बाद के जीवन में इनके विश्वास का अन्दाज लगता है। इन कब्रों में न केवल ऊपर बताए गए औजार एवं बलि दिए गए पशु, बल्कि फ़ीरोज़ा (turquoise) लाजवर्द (lapis lazuli) और गोमेद (carneldian) के अलावा शंख के आभूषण और मनके भी पाए गए हैं। मेहरगढ़ के आसपास अर्द्ध कीमती पत्थर नहीं पाए जाते हैं। इसलिए उन्हें व्यापार के माध्यम से काफी दूर से लाया जाता होगा। कुछ कब्रों में ऐसे आभूषणों की मौजूदगी और कुछ में उनके अभाव से सामाजिक विभाजन में वृद्धि झलकता है जो उत्पादन में वृद्धि और व्यापार के विस्तार से और बढ़ रहा था।

कला के नाम पर बहुत ही कम चीजें मौजूद हैं। वायलिन के आकार जैसी पाँवोंवाली कच्ची मिट्टी की मृण मूर्तियाँ गेरू से रँगी प्राप्त हुई हैं। हो सकता है, इसका धार्मिक महत्त्व रहा हो। पशुओं की कुछ मृण मूर्तियों भी पाई गई हैं। पकी मिट्टी का एक बेलनाकार मनका भी मिला है जिस पर किसी वनस्पति का चित्र बना हुआ है।

मेहरगढ़ एक गाँव है; निश्चित ही ऐसे कई और गाँव भी रहे होंगे। हालाँकि इससे मिलता-जुलता कोई और गाँव अभी तक उत्खनित नहीं हुआ है, परन्तु बलूचिस्तान के पहाड़ी इलाके में क्वेटा के पास एक स्थान किली गुल मुहम्मद के मृदभांड-पूर्व आरम्भिक

स्तर ने मवेशी, भेड़ और बकरी के पालन का साक्ष्य प्रस्तुत किया है। यह चरण अब मेहरगढ़ प्रथम के समकालीन माना जा रहा है। बलूचिस्तान और उत्तर पश्चिम सीमा प्रान्त में कई जगहों से मेहरगढ़ प्रथम और द्वितीय जैसी सामग्रियोंवाले स्थल मिले हैं। सिन्धु नदी के मुहाने पर भी दो छिट-पुट स्थल मौजूद हैं। इस आधार पर अनुमान लगाया जा सकता है कि इस शुष्क एवं मुख्यतः पहाड़ी जमीनवाले विशाल क्षेत्र में भारत की कृषि और पशुचारण अर्थव्यवस्था की शुरुआत हुई। भौतिक प्रगति की व्यापक रुझान में यह क्षेत्र भूमध्यसागर से लेकर सिन्धु नदी तक कैसे एक विशाल भूखंड का हिस्सा था। मेहरगढ़ में हुए भौतिक प्रगति का हरेक कदम इस विशाल भूखंड में कहीं ना कहीं या तो पहले घटित हो चुका था या फिर इसके बाद वैसा ही दूसरे स्थानों पर होने लगा। इस भूखंड में विचारों और तकनीक के फैलाव के कई स्रोत रहे होंगे परन्तु प्रायः यायावर पशुचारी लोग वस्तुओं और विचारों के सबसे प्रमुख वाहक रहे होंगे, क्योंकि वे लोग ही स्थायी रूप से बसे विभिन्न समुदायों के बीच व्यापार का कार्य भी करते थे। प्रवासन (Migration) और प्रायः उसके साथ जुड़े युद्ध, ने भी इसमें महत्त्वपूर्ण भूमिका अदा की होगी; लेकिन पुरातत्त्व इस पूरे भूखंड के सभी हिस्सों में एक समान सांस्कृतिक विशेषता या सम्प्रदाय के प्रसार के संकेत नहीं देता है। निश्चय ही कोई एक विशेष नस्ल भी सभी जगह दिखाई नहीं देता। मेहरगढ़ के प्रथम और द्वितीय चरणों से प्राप्त अनेकों कंकालों के दाँतों का अध्ययन यह दिखाता है कि भारत के इन 'प्रथम कृषकों' का बजाय पश्चिम एशिया के आधुनिक दक्षिण और दक्षिण-पूर्व एशिया की आबादी के साथ कहीं अधिक साम्य है। मेहरगढ़ के निवासियों के अनुवांशिकी स्वरूप में परिर्वतन नवपाषण क्रान्ति पूरा होने के बाद ही आया है।

3.3 सिन्धु घाटी में कांस्य युग की ओर, 4000-3200 ई.पू.

मानव संस्कृतियों के अनुक्रमण की स्थापित रेखा में नवपाषाण काल के बाद कांस्य युग ठीक उसी तरह आया जैसे मध्य पाषाण युग के बाद नवपाषाण युग। लेकिन यहाँ एक अन्तर पर गौर करना चाहिए। नवपाषण अथवा पालिशदार औजारों का आगमन अतीत से इतना बड़ा विच्छेद था—क्योंकि यह खेती की शुरुआत के साथ भी जुड़ा था—कि पुरातात्विक रेकॉर्ड में यह विरले ही दर्ज मिलता है कि कोई समुदाय मध्यपाषण से नवपाषण संस्कृति में संक्रमण सिर्फ अपने बूते पर कर पाया हो। मेहरगढ़—प्रथम बिना किसी पूर्ववर्ती प्राक्-नवपाषाण संस्कृतिवाले स्तर के ही विकसित होता हुआ दिखाई देता है। कांसा (ताँबा और टिन का मिश्रधातु) के आगमन के साथ मामला बदल जाता है। जहाँ ताम्र अयस्क को पिघला कर धातु निकालना एक महत्त्वपूर्ण तकनीकी प्रगति थी, वहीं ताँबा या कांसा औजार बनाने के लिए साधारणतया उपयोग किए जानेवाले पदार्थ के रूप में पत्थर और हड्डी की जगह नहीं ले पाए। ऐसा इसलिए हुआ क्योंकि धातु सिर्फ कम मात्रा में प्राप्त किया जा सकता था और वह महँगा एवं दुर्लभ था। भारत

में लौह तकनीक के प्रथम सहस्राब्दी (1000 ई.पू. के बाद) में पर्याप्त तरक्की कर लेने के बाद ही औजारों के निर्माण के लिए प्रमुख कच्चा माल के रूप में पत्थरों की भूमिका समाप्त हुई। अतः नवपाषाण से ताम्रपाषाण (ताँबा और पत्थर दोनों का उपयोग करनेवाले समाज) काल में संक्रमण से समाज में कोई महान परिवर्तन दिखाई नहीं देता है। क्योंकि कांसा या ताँबे के औजार पत्थर के औजारों मे महज एक योग के रूप में दिखाई देते हैं और वह भी बहुत कम संख्या में।

इस निरन्तरता (Continuity) का एक दूसरा कारण भी है। कृषि के विकास के साथ नवपाषाण कालीन समाज अधिशेष उत्पादन करने लगा। नवागन्तुक, जो शायद बेहतर (कहिए, कांसा) हथियारों से लैस थे, अपना अधिकार जमाने के बाद पराजित आबादी का कत्लेआम नहीं किया होगा या उन्हें अपनी जगह से भगाया नहीं होगा। बल्कि विजयी लोगों ने पराजित लोगों को उनकी जमीन पर बनाए रखा होगा ताकि उनके द्वारा उत्पादित अधिशेष में हिस्सा बंटाया जा सके। अतः सांस्कृतिक निरन्तरता के तत्त्व भारी मात्रा में अभी भी वहाँ मौजूद रहते होंगे क्योंकि पराजित लोग अभी भी अपने भौतिक और आध्यात्मिक जीवन में पुराने तौर तरीकों का ही पालन करते होंगे।

ऐसा ही कुछ उस समय हुआ होगा जब मेहरगढ़ चरण III का आगमन हुआ। इस काल के मृदभांड के टुकड़े (4300-3800 ई.पू.) 75 हेक्टेयर के इलाके में बिखरे पड़े हैं। हालाँकि यह सम्भव है कि एक ही साथ इस पूरे क्षेत्र में लोग बसे हुए न हों, परन्तु इसमें कोई शक नहीं कि इस बस्ती के आकार का भारी विस्तार हुआ। ऐसा विस्तार इसी के समान मृदभांड (टोगाऊ वेयर) वाली अन्य बस्तियों में भी दिखाई देता है। समान मृदभांड होने के कारण उन स्थलों को समान संस्कृति का माना जा सकता है। टोगाऊ संस्कृति का क्षेत्र भी वही है जो मेहरगढ़ प्रथम और द्वितीय का है। परन्तु अफगानिस्तान में कन्धार के निकट मुंडीगाक भी दूर होने के बावजूद इसी का अंग लगता है।

यदि खेती और दस्तकारी के विकास (नीचे देखें) को आबादी में वृद्धि का मुख्य कारण मान भी लिया जाए तो भी नए लोगों का यहाँ आगमन एक अन्य पहलू लगता है। मेहरगढ़ तृतीय की कब्रों से प्राप्त मानव कंकाल ईरानी पठार की आबादी से निकट साम्य दिखाते हैं। इसकी तुलना में मेहरगढ़ प्रथम और द्वितीय के निवासियों का दक्षिण एशिया से अधिक निकट सम्बन्ध लगता है। इससे यह मजबूत संकेत मिलता है कि बड़े पैमाने पर पश्चिम से लोग यहाँ आकर बस रहे थे।

खेती में विकास, उगाई जानेवाली फसलों की लम्बी होती सूची से प्रदर्शित होता है। इसमें गेहूँ के चार प्रकार, दो धारी जौ और जई (oats) शामिल हैं। परन्तु दस्तकारी में हुई तरक्की कहीं अधिक दिखाई देती है। वैसे तो मेहरगढ़ I और II दोनों में प्राकृतिक ताँबा या कभी-कभी ताँबे का धातुमल पाया जाता है परन्तु मेहरगढ़ III में ताँबा पिघलाने का प्रमाण ताँबे के अवशेष के साथ चौदह धातु पिघलानेवाले पात्र से स्थापित हो जाता है। औजार एवं उपकरण अभी भी करीब-करीब पूरी तरह पत्थर के ही बनाए जाते थे

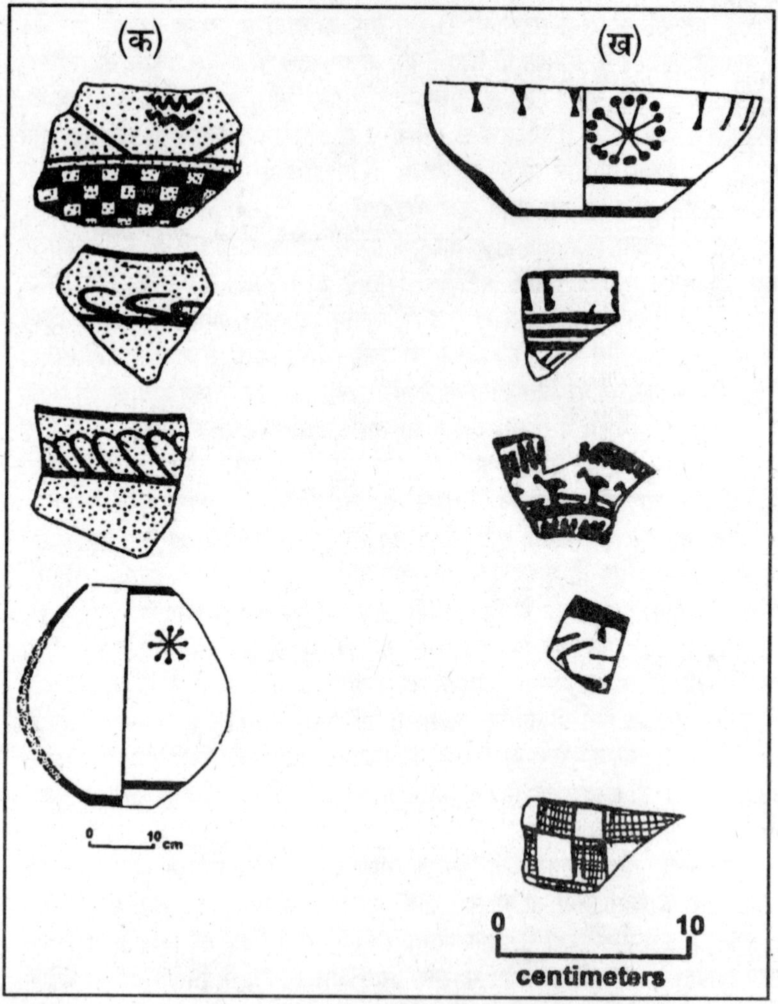

चित्र 3.5 : **(क) किली गुल मुहम्मद, चरण III से प्राप्त (ब्लैक आन रेड स्लिप) और, (ख) मेहरगढ़, चरण III. (डब्ल्यू.ए. फेयरसर्विस और ए. सामजुम द्वारा पुनर्रचित, जी. पॉशेल से साभार)**

परन्तु उनमें ज्यादा परिष्कार आ गया था। हरे फटेनाइट (phtanite) (एक कठोर पत्थर) से बनां बेलनाकार सूक्ष्म वेधनी, जिसे रस्सी में लपेटकर घुमाया जा सकता था, इसका एक बेहतरीन नमूना है। फिरोज़ा, लाजवर्द, गोमेद, गारनेट, शंख और डामर की बनी वस्तुओं की बढ़ती संख्या भी दिखाई देती है। वस्तुओं को तैयार करते समय पैदा

हुआ कचरा इस बात की निशानी है कि कार्य स्थानीय स्तर पर किया जा रहा था। सेलखड़ी पत्थर को खूब गरम कर भुर-भुरा बनाने के बाद उसका लेई बनाकर उससे मनके बनाए जाते थे। पालिशदार पत्थर की कुल्हाड़ी और घिसने का पत्थर हमें औजार तकनीकों के नवपाषाण कालीन आधार बने रहने की याद दिलाता है परन्तु अब सूक्ष्मपाषाणों से स्पष्टतया दूरी आ गई थी जो पुराने मध्यपाषाण संस्कृति का प्रमुख प्रतीक था।

मिट्टी के बर्तन बनाने के क्षेत्र में भारी प्रगति हुई थी। इसमें कोई शक नहीं कि चाक पर बने और बड़ी भट्टियों में पकाए गए ये बर्तन, सभी लोगों के लिए वस्तुओं के भंडारण के प्रमुख साधन थे। मिट्टी के बर्तन इतनी भारी संख्या में पाए गए हैं कि पुरातत्वशास्त्री इसे फैक्ट्री स्तर पर बनाए जाने की बात करते हैं। परन्तु इसके साथ-ही-साथ बर्तनों पर बनाई गई तस्वीरें जिनमें मानवाकृति, पशुआकृति तथा ज्यामितिक डिजाइन आदि मौजूद हैं, उस समय प्रचलित 'लोक' कला का आभास भी देते हैं (चित्र 3.5)

मेहरगढ़ III के मलवे के नीचे 'कार्यशालाओं' और 'भट्ठियों' के अवशेष के साथ दस्तकारी में हुए विकास, समाज में श्रम विभाजन की प्रगति के एक अग्रिम चरण का सूचक है। एक ही प्रकार की वस्तु के निर्माण में लगे पूरा वक्ती पेशेवर व्यक्ति प्रायः वस्तु विनिमय के माध्यम से अपना सामान बेचकर अपनी जीविका चलाते थे। कारीगर कई प्रकार के वस्तुओं जैसे ताँबा, अर्द्ध-कीमती पत्थर, शंख आदि पर अपना काम करते थे। इसलिए निश्चय ही इन्हें बाहर से लाया जाता होगा और इससे बड़े पैमाने पर बाहरी व्यापार चलता रहा होगा ताँबे के मुहरों की मौजूदगी यह बताती है कि लोग अपने सामनों पर विशेष निशान लगाने की आवश्यकता महसूस करते थे, जो व्यापार के विकास का एक निश्चित चिह्न है।

भौतिक परिस्थितियों और मकान निर्माण में कई ऐसी चीजें थीं जो पहले के नवपाषाण काल से चली आ रही थीं। यह निरन्तरता आंशिक रूप से रीति-रिवाजों और कर्मकांडों के कारण भी बनी रही होगी। दफनाए गए व्यक्तियों के गले में पड़े आभूषण पहले के चरण जैसे ही हैं। परन्तु इन कब्रों के आधार पर यह कहा जा सकता है कि अब वयस्क औरतें वयस्क पुरुषों और बच्चों की तुलना में कहीं ज्यादा गहने पहनती थीं। यह पहले के रिवाजों में एक स्पष्ट परिवर्तन था। इनके धार्मिक विश्वास और कर्मकांडों में भी कुछ महत्त्वपूर्ण परिवर्तन आए थे। अब मृतकों के साथ कब्र में सामान और पशु नहीं दफनाए जाते थे, जो मृतक के साथ दूसरे लोक में साथ निभाए। पहले लगाए जानेवाले शव पर लाल रंग के गेरू का लेप भी अब छोड़ दिया गया था। दूसरी तरफ अब कुछ सामूहिक कब्र और पुनर्शवाधान (re-bunial) का रिवाज देखने को मिलता है जो पहले नहीं पाया जाता।

करीब 3800 ई.पू. के आसपास मेहरगढ़ की बस्ती का क्षय शुरू हो गया। परन्तु पुरातत्वशास्त्रियों ने एक नए किस्म के मृदभांड के साथ इस इलाके में बड़ी संख्या में अन्य बस्तियों को खोज निकाला है। इस मृदभांड का नामकरण किली गुल मुहम्मद के

पास कच्ची बेग नामक जगह के नाम पर किया गया है। 3200 ई.पू. तक जीवित रहनेवाले कच्ची बेग मृदभांड ने टोगाऊ मृदभांड का स्थान ले लिया और परवर्ती नवपाषाण काल का एक प्रतीक बन गया। उत्तर पश्चिमी सीमा प्रान्त में शेरी खान तराकाइ से टेराकोटा (पकी मिट्टी), हड्डी और पत्थर (धातु नहीं) की ढेर सारी सामग्रियाँ प्राप्त हुई हैं। यहाँ टेराकोटा से बनी मानव आकृतियों रूढ़ शैली के अनुसार अंकित हैं और एक शैली ऐसी है जिसमें स्त्री योनि के चित्रण पर काफी जोर डाला गया है। हो सकता है यह उर्वरता की देवी (मातृ देवी ?) का प्रतीक रहा हो। यह एक ऐसी देवी रही है जिसकी तरफ आरम्भिक कृषक समाज अक्सर आकर्षित होता रहा है (चित्र 3.6)। यहाँ न केवल टेराकोटा बल्कि शंख और हड्डी की चूड़ियाँ भी प्राप्त हुई हैं।

इसी काल में (3800-3200 ई.पू.) एक अन्य नवपाषाण संस्कृति ने अपने को सिन्धु घाटी के आर-पार स्थापित किया, जिसका नामकरण पश्चिमी परम्परा के एक मृदभाँड हकरा मृदभांड के नाम पर किया गया है। इस संस्कृति से सम्बन्धित स्थल बहावलपुर

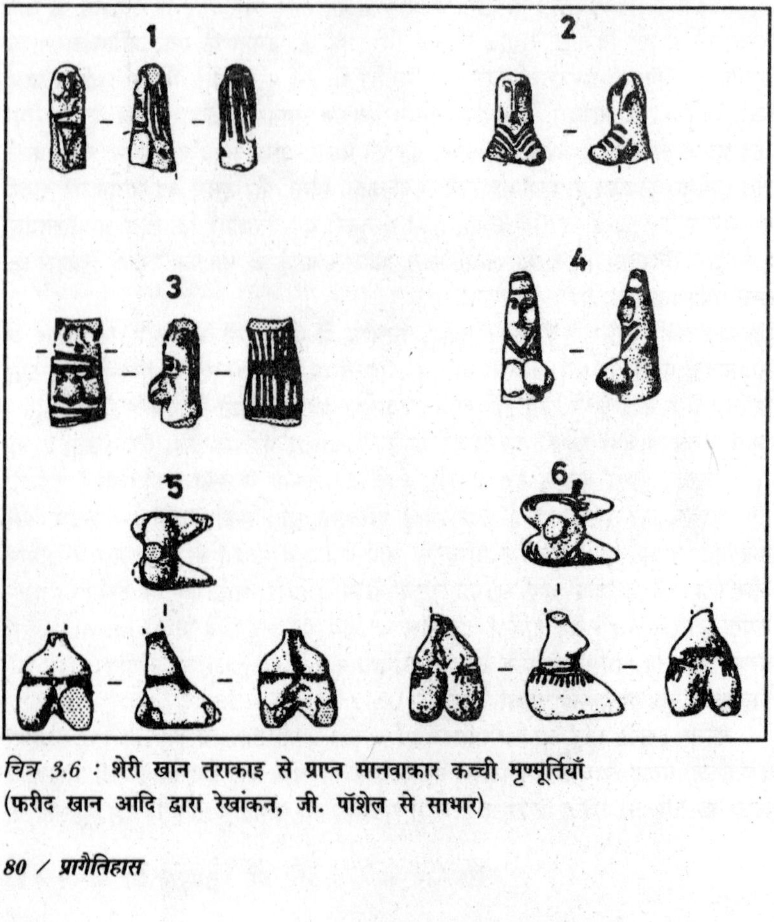

चित्र 3.6 : **शेरी खान तराकाइ से प्राप्त मानवाकार कच्ची मृण्मूर्तियाँ (फरीद खान आदि द्वारा रेखांकन, जी. पॉशेल से साभार)**

जिले के कुछ हिस्सों में संकेन्द्रित हैं। कई स्थल अब सूख चुके हकरा नदी के मुहाने पर फैले हुए हैं, जिसमें कम-से-कम बरसात के दिनों में यहाँ तक पानी पहुँचता होगा (देखे टिप्पणी 3.1)। परन्तु हकरा मृदभांड से सम्बन्धित एक प्रमुख स्थल पश्चिमी पंजाब में रावी नदी के पुराने तट पर जलीलपुर में उत्खनित हुआ है। जलीलपुर से मिली पशुओं की हड्डियों से पता चला है कि पालतू पशु इनके लिए मांस के प्रमुख स्रोत बन चुके थे (90 प्रतिशत से अधिक) और इसलिए आबादी अब शिकार पर बहुत कम आश्रित रह गई थी। दूसरी तरफ हकरा नदी के किनारे बनी बस्तियाँ प्रायः अर्द्ध यायावार लोगों के अस्थायी पड़ाव थीं। ये लोग मुख्यतः पशुचारण पर निर्भर थे और थोड़ी-बहुत खेती जगह बदलकर किया करते थे। प्रायः जिस रेगिस्तान और झाड़ीदार पर्यावरण में वे रह रहे थे उसमें यही सबसे उपयुक्त था।

3.4 चावल की खेती और मध्य एवं पूर्वी भारत में नवपाषाण संस्कृति, 3000 ई.पू. के बाद

समाज का विकास असमान तरीके से होता है और इस वक्तव्य की सच्चाई उस समय बिल्कुल साफ हो जाती है जब हम इस तथ्य पर गौर करते हैं कि नवपाषण तकनीक और कृषि उत्पादन की शुरुआत सिन्धु घाटी के बाहर भारत के किसी भी हिस्से में 7000 ई.पू. में मेहरगढ़ से मिले खेती के पहले प्रमाण के करीब 4000 वर्षों के बाद ही मिलता है।

थार रेगिस्तान के ठीक दूसरी तरफ मध्य गुजरात के लंघनाज नामक जगह पर सूक्ष्मपाषाण उद्योग (कोई नवपाषण औजार नहीं) की कॉर्बन तिथि 2550-2185 ई.पू. निश्चित की गई है। इसके और उत्तर में बागोर का स्थल है, जो मेवाड़ में अरावली की ऊँचाई से थार रेगिस्तान की ओर मुखातिब होता है। बागोर में दो प्रमुख चरण देखे गए हैं, जिनकी तिथि 5365 से 2315 ई.पू. के बीच है परन्तु फिर भी इनका उद्योग पूर्णतया सूक्ष्मपाषाण उद्योग है। ताँबा और मृदभांड बागोर के द्वितीय चरण में 2650 ई. पू. के बाद ही प्रवेश करते हैं। चरण एक में पालतू बनाए गए पशुओं में भेंड़, बकरी, ज़ेबू, सूअर आदि शामिल हैं और भेड़ तथा बकरी इनमें सबसे अधिक हैं। चक्की पाएँ जाने के बावजूद, अनाज का कोई प्रमाण नहीं मिला है। अतः यह सुनिश्चित नहीं हो पाया है कि यहाँ के निवासी खाद्यान्नों की खेती करना जानते थे या नहीं। ये लोग गड़ेरियों के समुदाय अधिक लगते हैं। लंघनाज से बागोर तक की पट्टी उस मध्यपाषण संस्कृति का अवशेष लगता है जिसकी चर्चा हम अध्याय 2.5 में कर चुके हैं। इस संस्कृति का प्रमुख स्थल नर्मदा घाटी में 6000 ई.पू. के आसपास आदमगढ़ में था।

परन्तु इसके और पूरब में बिना पश्चिम के नवपाषण संस्कृति से कोई स्पष्ट सम्पर्क के, नवपाषण तकनीकों का बिल्कुल स्वतन्त्र और अलग तरीके से प्रसार हुआ। पहले यह विश्वास किया जाता था कि नवपाषण आवेग का केन्द्र स्वयं मध्य भारत में

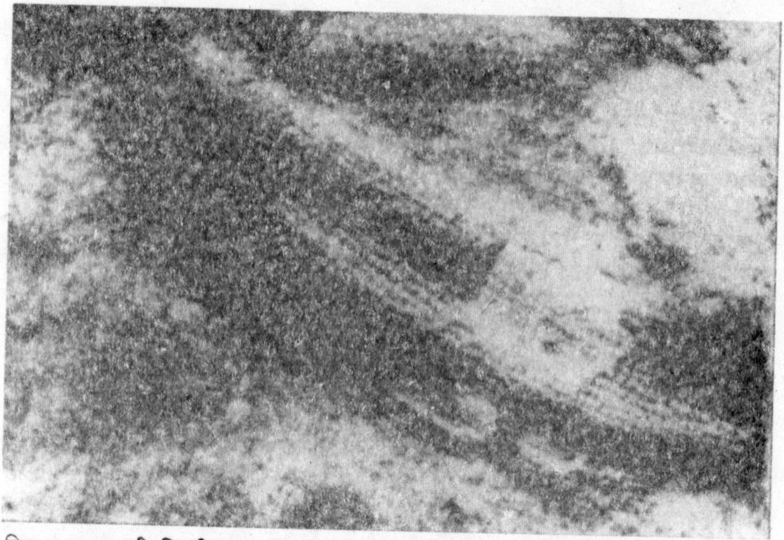

चित्र 3.7 : कच्ची मिट्टी पर धान के भूसे की छाप, चोपानी मांडो, चरण III, (छायाचित्र : जी.आर. शर्मा)

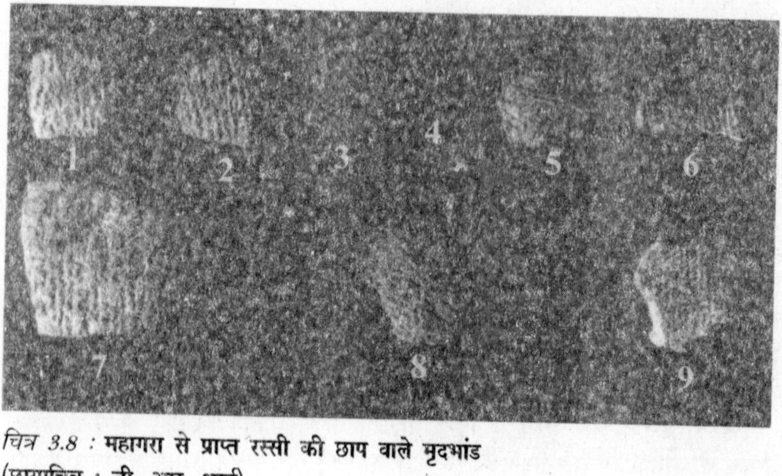

चित्र 3.8 : महागरा से प्राप्त रस्सी की छाप वाले मृदभांड (छायाचित्र : जी. आर. शर्मा)

मौजूद है। जी.आर. शर्मा और उनके सहयोगियों द्वारा इलाहाबाद के दक्षिण में एक छोटी विंध्य नदी बेलन की घाटी में कोलडीहवा नामक जगह से पालतू धान का प्रमाण खोज निकाला गया है। और यह मान लिया गया कि जिस स्तर से धान के प्रमाण मिले थे उससे प्राप्त अन्य वस्तुओं की कॉर्बन तिथि 6719 से 5010 ई.पू. का समय निर्धारित किया जा सकता है। यदि ऐसा होता तो यह पूरी दुनिया में धान की सबसे पहली प्राप्ति होती। दरअसल ऐसी बातें कई पाठ्य पुस्तकों में भी शामिल हो गई हैं। परन्तु अब यह करीब-करीब निश्चित हो चुका है कि कोलडीहवा से चावल की यह पुरानी तिथि काठ कोयलावाले स्तर के गलत अध्ययन के कारण पैदा हुआ। वास्तविक सांस्कृतिक अनुक्रम इस प्रकार देखा जा सकता है :

सबसे पहले बेलन नदी के उसी छोटी सी घाटी में, चोपानी मांडो नामक जगह पर एक परवर्ती मध्यपाषण या 'प्राक्-नवपाषण' चरण मौजूद था जिसकी कार्बन तिथि 3385-3135 ई.पू. निश्चित की गई है। लोग झोपड़ी में रहते थे, जिसकी धरातल से बड़ी संख्या में सूक्ष्मपाषाण मिले हैं। वे शिकारी और खाद्य संग्राहक थे। पुरुष उतने ही लम्बे और तगड़े थे जितना हम उन्हें सराय नाहर राय और महादहा में पाँच हजार वर्ष पूर्व पाते हैं। लेकिन औरतों का आकार छोटा और सुकुमार हो गया था (औसत पुरुष लम्बई : 162 से.मी.) उत्तर प्रदेश के मिर्जापुर में लेखनिया से प्राप्त 3035-2780 ई.पू. के कंकाल कम-से-कम ऐसा ही कहते हैं। जीवन आयु अभी भी काफी कम थी : यहाँ से प्राप्त उन्नीस कंकाल जिनकी मृत्यु के समय की उम्र निर्धारित की जा सकी है, ग्यारह की मृत्यु 25 वर्ष पूरा करने से पहले ही हो चुकी थी। यदि हम चोपानी-मांडो पर फिर लौटें तो वहाँ हमें कुछ चिकने पत्थर उपकरण जैसे हथौड़ा, चक्की, सिलौटी आदि प्राप्त हुए हैं, परन्तु पौधों और पशुओं को पालतू बनाने का कोई चिह्न नहीं मिलता है। हालाँकि जंगली धान संग्रह किया जाता था (देखे चित्र 3.7 पकाए मिट्टी के बर्तन पर धान के भूसे की छाप)। हाथ से बना मिट्टी का बर्तन दिखता है जिस पर कभी-कभी रस्सी के निशान से सजावट भी की गई है। यह मृदभाँड इस संस्कृति को कुनझुन नदी, कोलडीहवा और महागरा के स्थलों से प्राप्त 'विंध्य नवपाषाण' की संस्कृति से जोड़ता है। महागरा चोपानी माँडो के बिबल्कुल निकट स्थित है। विंध्य नवपाषण चोपानी माँडों के मध्य पाषण संस्कृति के बाद 3000 ई.पू. के आसपास विकसित हुआ। कुनझुन नदी इलाके से प्राप्त इसकी कॉर्बन तिथि 3530-1265 ई.पू. के बीच पाई गई है। जबकि महागरा में इसकी तिथि द्वितीय सहस्राब्दी या 1770-1375 ई.पू. के बीच ही सीमित है। विंध्य नवपाषाण निश्चय ही बहुत महत्त्वपूर्ण है क्योंकि, जैसा कि बताया जा चुका है, इसने धान की खेती का अच्छा प्रमाण प्रस्तुत किया है, जो अब भारत का प्रमुख खाद्यान्न है। अन्यथा इस संस्कृति का आदिम स्वरूप रस्सी के निशानवाले मिट्टी के बर्तनों से मिलता है जो अभी भी हाथ से बनाए जाते थे (देखें चित्र 3.8)।

यहाँ यह सम्भव है कि पश्चिम के सामानान्तर ही हम पूर्वी नवपाषण भूखंड का अन्दाजा लगाएँ। पूर्वी रास्ता हमें चीन तक ले सकता है जहाँ 5000 ई.पू. में निश्चित

ही धान की खेती शुरू हो चुकी थी। उस समय की हैमूदू संस्कृति में न केवल यह व्यापक रूप से पाया गया है बल्कि रस्सी के छापवाले मृदभांड भी मिले हैं। 5000 ई.पू. या उसके कुछ ही समय बाद वियतनाम और थाईलैंड के हाओबिनहियन (Haobinhian) संस्कृति की सबसे ऊपरी सतह में चावल और रस्सी छापवाले मृदभांड दोनों ही मिले हैं। आसाम के नवपाषण कालीन स्थलों से भारत के दक्षिण-पूर्ण एशिया के साथ सम्बन्धों पर और भी प्रकाश पड़ता है। दाओजाली हाडिंग (उत्तरी कछार पहाड़ी) और सरुतरू (कामरूप जिला) में अनाज कूटने-पीसने के लिए उपकरणों के साथ हाथ से बना रस्सी की छापवाला मृदभांड भी मिला है। दुर्भाग्य से यहाँ तिथिकरण सम्भव नहीं हो पाया है। पश्चिम बंगाल में पांडु राजारढ़ीबी (वर्द्धमान जिला) से नवपाषण काल के दो चरण मिले हैं। चरण-एक प्रायः 2000 ई.पू. से पहले का था और इसमें खेती से उगाया गया चावल एवं रस्सी छावाला मृदभांड मिला है। चरण दो, जो एक नई बस्ती है, से चावल और चाक पर बने मिट्टी के बर्तन मिले हैं। इस तरह का बर्तन, हम यह मान सकते हैं कि, सिन्धु घाटी से तकनीकों के आगमन का परिणाम था, जहाँ यह इससे 2000 वर्ष पूर्व ही मिलने लगता है। इससे ऐसा लगता है कि रस्सी के छापवाले मृदभांड के साथ विंध्य नवपाषाण, किसी पूर्वी स्रोत से चावल की खेती के प्रसार का अन्तिम बिन्दु था, जिसमें आसाम के स्थल और पांडुराजार ढ़ीबी, चरण-प्रथम, दो महत्त्वपूर्ण मंजिल थे।

पांडु राजारढ़ीबी, चरण द्वितीय के विकसित नवपाषाण संस्कृति से बिहार के सारण जिले के चिरान्द संस्कृति की तुलना की जा सकती है। यहाँ चरण-एक में, जिसे 2100-1400 ई.पू. के बीच रखा जा सकता है, हमें विभिन्न प्रकार के नवपाषाण कालीन औजारों के साथ अनाजों के जले हुए अंश मिले हैं। इससे पता चला है कि यहाँ के लोग न केवल चावल बल्कि गेहूँ, जौ, और कई तरह की दालें (मूंग, मसूर आदि) उगाते थे। वे जंगली सरकंडे से बनी झोपड़ियों में रहते थे। परन्तु उनकी 'सम्पन्नता' का कुछ अन्दाजा सूक्ष्मपाषाण और मनके बनाने के लिए अर्द्ध-कीमती पत्थरों (गोमेद, चैलसीडोनी आदि) के उपयोग से लगता है। मृदभांड मूलतः हाथ से बने हैं परन्तु उन पर आकर्षक रेखांकन और चित्र बने हैं। कुछ चाक के बने बर्तन भी मिले हैं।

पौधों, खासतौर पर धान, के पालतूकरण से हमें यह नहीं मान लेना चाहिए कि गंगा घाटी में नवपाषाण क्रान्ति ने तुरन्त बड़े पैमाने पर खेती की शुरुआत कर दी। घाटी घने वन से ढका रहा होगा (अध्याय 1.4) और बस्तियों के इर्द-गिर्द साफ किए गए छोटे-छोटे खेतों में ही खेती की जाती होगी। गर्मी के मौसम में आग लगाकर साफ किए गए इन छोटे खेतों में कुछ वर्षों तक खेती की जाती थी और फिर उसके बाद जमीन को छोड़ दिया जाता था। फिर नई जगह पर जंगल साफ कर वहाँ खेती की जाती थी। इसे झूम खेती के नाम से जाना जाता है जो आज भी कई जगह जंगल में रहनेवाले कबीलाई समुदाय प्रयोग करते हैं। शिकार और मछली वनस्पति के अतिरिक्त भोजन के प्रमुख अंग रहे होंगे। अतः यहाँ तक कि चिरान्द में भी हाथी, गैंडा, बारहसिंगा और

हिरण जैसे जंगली जानवरों की हड्डियों, बैल और भैंसों (भैंसें भी जंगली हो सकते हैं) की हड्डियों के साथ मिले हैं। पालतू मवेशियों, भेड़ बकरी और सूअर का भी एक हिस्सा मांस प्राप्त करने के लिए ही रखा जाता होगा, क्योंकि न तो हल और न ही गाड़ी इस काल में ज्ञात हैं। अतः अभी वह समय काफी दूर था जब चावल की खेती की महान सम्भावनाओं का पूरा दोहन किया जा सके और गंगा के मैदान में पूर्ण विकसित कृषक समुदाय बड़े पैमाने पर चारों ओर अपना विस्तार कर सकें।

3.5 उत्तरी एवं आरम्भिक दक्षिणी नवपाषाण संस्कृतियाँ, 3000 ई.पू. के बाद

दो और प्रमुख नवपाषाण संस्कृतियों का वर्णन अभी बाकी है। पहला उत्तर में जो कश्मीर के आसपास केन्द्रित था और दूसरा दक्षिण में जो मुख्यतः कर्नाटक में पाया जाता है। दोनों की शुरुआत 3000 ई.पू. के आसपास हुई, अर्थात् करीब उसी समय जब विंध्य नवपाषाण का आरम्भ हुआ था। जहाँ तक हमारी जानकारी है यह समकालीनता आकस्मिक है और इन तीनों संस्कृतियों के बीच किसी प्रकार का सम्पर्क ज्ञात नहीं है।

उत्तरी नवपाषाण के दो महत्त्वपूर्ण स्थल कश्मीर के बुर्जाहोम और गफ्कराल में स्थित है। हमें इतना कॉर्बन तिथि उपलब्ध है कि उस आधार पर मोटे तौर पर कहा जा सकता है कि 2800 से 2500 ई.पू. के बीच बुर्जाहोम में बिना मृदभाँड के नवपाषाण का एक आरम्भिक चरण मौजूद था। इसके बाद 2500-2000 ई.पू. में मुख्य नवपाषण

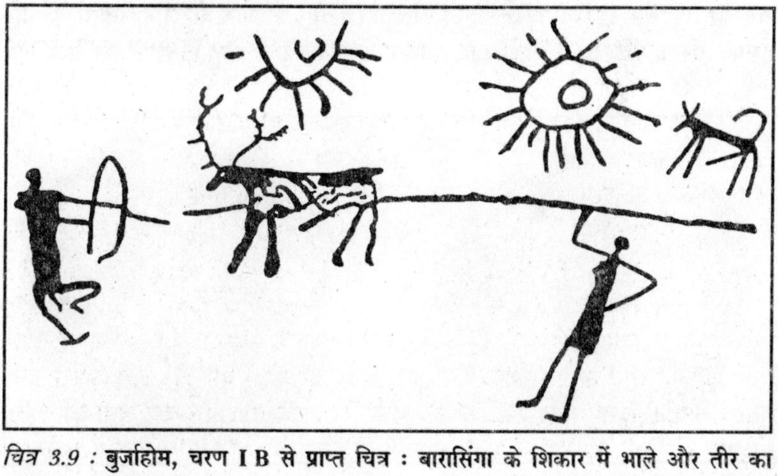

चित्र 3.9 : **बुर्जाहोम, चरण I B से प्राप्त चित्र : बारासिंगा के शिकार में भाले और तीर का उपयोग। दो सूर्यों और (जंगली ?) कुत्ते पर गौर करें। (रेखांकन बी.एम. पांडे, जी. पॉशेल से साभार)**

चरण की शुरुआत हुई जिसमें चाक पर बने बर्तन, चटाई, रस्सी की छाप एवं रंगीन चित्र दोनों प्रकार के मृदभाँड मिलते हैं। ये लोग करेवा यानी नदी के किनारे मिट्टी की प्राकृतिक टीलों में गढ़ा बनाकर रहते थे। ये पालिशदार पत्थर के औजार और विभिन्न प्रकार के हड्डी के उपकरणों का उपयोग करते थे। आरम्भ में वे अपनी आवश्यकता के लिए ज्यादातर मांस शिकार से प्राप्त करते थे, मवेशी, भेड़, बकरी, भैंस, सूअर और कुत्ता भी पालने लगे थे। अतः धीरे-धीरे पशुचारण शिकार का स्थान ले रहा था। वे खेती भी करते थे, जो फसल काटने के चाकू मिलने से साबित होता है। गेहूँ, जौ, दालें और मटर उगाए जाते थे और परवर्ती नवपाषाण काल में 2000-1500 ई.पू. के दौरान चावल भी पाए गए हैं।

यहाँ काफी धार्मिक कृत्य देखे जा सकते हैं। मृत्यु के बाद शरीर को खुले में छोड़ दिया जाता था और जब सिर्फ हड्डी बच जाता था तब उसे जमा करके दफना दिया जाता था। कई बार दफनाने से पहले लाल गेरू का लेप लगा दिया जाता था। कुत्तों के शवाधान से कुत्ता-बलि का प्रमाण भी मिलता है। पत्थरों पर आड़ी-तिरछी रेखाओं की जटिल आकृतियाँ भी प्राप्त हुई हैं, जिसका कर्मकांडीय महत्त्व हो सकता है। पत्थर की एक पट्टी पर बने एक चित्र का भी ऐसा ही महत्त्व हो सकता है जिसमें एक बारहसिंगा को दो लोगों द्वारा मारते हुए दिखाया गया है। एक व्यक्ति के पास तीर-कमान है जबकि दूसरे के हाथ में भाला है। इसमें दो सूर्य और एक कुत्ता भी देखा जा सकता है (चित्र 3.9)।

एक व्यक्ति, जिसे काफी सामग्री जैसे मृगश्रृंग, सेलखड़ी से बने साामन, चकती-मनका आदि के साथ दफनाया गया था, उसके कपाल में सात छिद्र किए गए थे। यह अद्भुत रिवाज कपाल-छेदन (trepanning) के नाम से जाना जाता है और इसका चलन एशिया के साथ-साथ योरोप के नवपाषाण संस्कृतियों में भी देखा जा

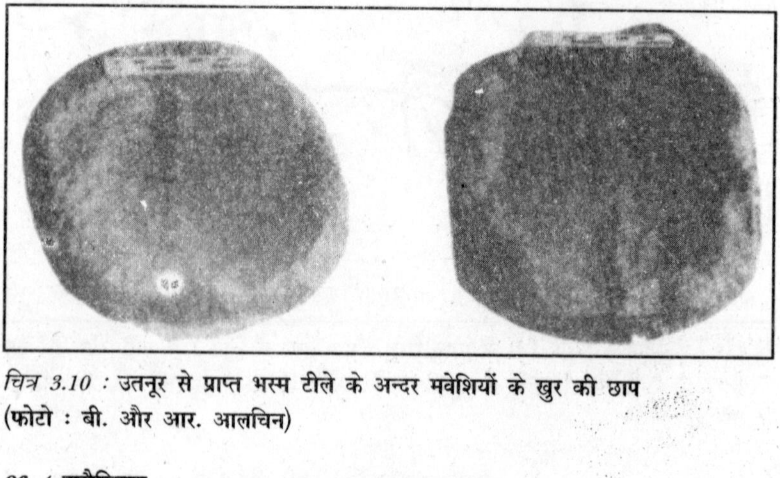

चित्र 3.10 : उतनूर से प्राप्त भस्म टीले के अन्दर मवेशियों के खुर की छाप
(फोटो : बी. और आर. आलचिन)

सकता है। कपाल-छेदन मानव द्वारा सर्जरी का पहला ज्ञात गम्भीर प्रयास है। हालाँकि यह या तो गलत सिद्धान्त पर आधारित था, जिससे मस्तिष्क के अन्दर आन्तरिक दबाव को कम करने की कोशिश की जाती थी या फिर यह किसी अन्धविश्वास पर आधारित था जिसके अनुसार ऐसा करने से व्यक्ति को परेशान करनेवाली दुष्ट आत्माएँ बाहर निकल जाएँगी। यह घोर आश्चर्य की बात है कि पत्थर के औजारों से जिस व्यक्ति पर यह कपाल-छेदन किया जाता था वह इसके बावजूद जिन्दा रह जाता था।

उत्तरी नवपाषाण शायद पाकिस्तान की राजधानी इस्लामाबाद के पास सराय खोला तक फैला हुआ था, जिसके नवपाषाण चरण की कॉर्बन तिथि 3360-2525 ई.पू. के बीच निर्धारित की गई है। पंजाब में हिमालय की तराई में कई अन्य स्थल भी मौजूद हैं। स्वात नवपाषाण संस्कृति (उत्तर-पश्चिमी सीमा प्रान्त, पाकिस्तान) जिसका प्रतिनिधित्व घालीघई (3000-1900 ई.पू.) करता है हस्त निर्मित मृदभांड के साथ शुरू हुआ और अपने परवर्ती चरण में इसका सम्पर्क बुर्जाहोम के साथ था, जो इसकी मृदभांड शैली से स्पष्ट होता हैं स्वात घाटी में गेहूँ और जौ नवपाषाण के आरम्भिक चरण में ही उगाए जाने लगे थे परन्तु धान की खेती 19000 ई.पू. के बाद ही शुरू हुआ लगता है।

पूर्वी नवपाषाण से भिन्न उत्तरी नवपाषाण का सिन्धु घाटी की संस्कृतियों, कोटदीजी चरण और तीसरी सहस्राब्दी ई.पू. के परिपक्व सिन्धु संस्कृति, दोनों के साथ बेशक कुछ सम्पर्क था। परन्तु मूलतः यह अपनी भौतिक संस्कृति एवं कला तथा कर्मकांडों में इन सभी से स्वतन्त्र था। इन मामलों में इसकी समानता आन्तरिक एशिया के नवपाषाण संस्कृतियों से कहीं ज्यादा है। उत्तरी चीन की यांगसाओं संस्कृति (5100-2900 ई.पू.) से भी इसकी समानता देखी गई है। यह हमें बताता है कि अन्य देशों की तरह ही भारत ने भी सभी बाहरी दिशाओं से प्रभावों को बहुत प्राचीन काल से ही ग्रहण किया है।

जहाँ तक हमारी जानकारी है एकमात्र नवपाषाण संस्कृति जो अपने उद्‌भव में पूरी तरह देशज है वह दक्षिण नवपाषाण है। जिस भूखंड में दक्षिणी नवपाषाण का विस्तार हुआ वह मोटे तौर पर कर्नाटक के आधुनिक प्रदेश से मेल खाता है। इसमें आन्ध्र प्रदेश और तमिलनाडु के कुछ हिस्से भी शामिल हैं। कोडेकाल और उतनूर से प्राप्त कॉर्बन तिथि यह संकेत देती है कि इसकी शुरुआत 3000 ई.पू. के आसपास मानी जा सकती है। आरम्भिक चरण जिससे हम यहाँ सम्बन्धित हैं, 2100 ई.पू. तक जीवित रहा। पालिशदार कुल्हाड़ी और रगड़नेवाला पत्थर तथा चक्की यह संकेत करते हैं कि खेती की शुरुआत हो चुकी थी, परन्तु कोई अनाज प्राप्त नहीं हुआ है। मवेशी, भेड़ और बकरी पालतू बनाए जा चुके थे और उतनूर से प्राप्त गोबर की राख का टीला यह दिखाता है कि मवेशियों को एक जगह बाँधकर रखा जाता था। (चित्र 3.10)। मृदभांड पूरी तरह हस्तनिर्मित था परन्तु इसे घुमा-घुमाकर थोड़ी गोलाई दी गई थी। इसके लिए प्रारम्भिक किस्म की चाक का उपयोग किया गया था (न कि तेज घूमनेवाली कुम्हार की असली चाक)।

तालिका 3.1

नवपाषाण क्रान्ति का तिथिक्रम

ई.पू.	
10,000-9,000	प्राचीनतम नवपाषाण संस्कृति : फिलस्तीन का नातूफियन तथा सीरिया
10,000-7,500	नवपाषाण संस्कृति, उत्तरी अफगानिस्तान : मृदभांड-पूर्व
7,000-5,000	नवपाषाण संस्कृति, मेहरगढ़, चरण I : मृदभांड-पूर्व; जौ, गेहूँ की खेती
5365-2650	बगोर मध्यपाषाण काल, चरण I : मृदभांड पूर्व
5000	चीन, वियतनाम, थाईलैंड : चावल की खेती
5000-4000	मेहरगढ़ चरण II : हस्तनिर्मित मृदभांड, कपास की खेती
4300-3800	मेहरगढ़ चरण III : ताम्र विगलन; 'टोगाऊ मृदभांड'
4000	मेहरगढ़ : कुम्हार का चाक
3800-3200	नवपाषाण कच्ची बेग और हकरा मृदभांड संस्कृति चाक पर बने बर्तन
3885-2780	बेलन मध्यपाषाण : हस्तनिर्मित मृदभांड
3500-1200	विंध्य नवपाषाण : मुख्यतः हस्तनिर्मित, चावल की खेती
3000-2100	दक्षिण भारतीय नवपाषाण संस्कृतियाँ, मुख्यतः हस्तनिर्मित मृदभांड
3000-1900	स्वात नवपाषाण; मृदभांड, गेहूँ-जौ की खेती
2800-2500	उत्तरी (कश्मीर) नवपाषाण, चरण I : मृदभांड-पूर्व
2500-2000	उत्तरी (कश्मीर) नवपाषाण, चरण II : हस्तनिर्मित मृदभांड; गेहूँ, जौ और दाल की खेती
2500 (?)-2000	पूर्वी नवपाषाण, पांडु राजार ढ़ीबी, चरण I : हस्तनिर्मित गृदभांड; चावल की खेती
2100-1400	नवपाषाण कालीन चिरान्द, चरण I; हस्तनिर्मित मृदभांड, चावल की खेती

टिप्पणी : कुछ कार्बन तिथियों की समस्याएँ अभी सुलझ नहीं पाई हैं। परन्तु चूँकि क्रम सुनिश्चित है, अतः विंध्य नवपाषाण को बेलन मध्यपाषाण के नीचे रखा गया है, हालाँकि विंध्य नवपाषाण में इससे पहले की कुछ कॉर्बन तिथियाँ भी पाई गई हैं।

टिप्पणी 3.1

रेगिस्तान की 'विलीन नदी'

इसमें किसी को कोई सन्देह नहीं है कि मानसून से बारिश प्राप्त कर आज जो जलवायु

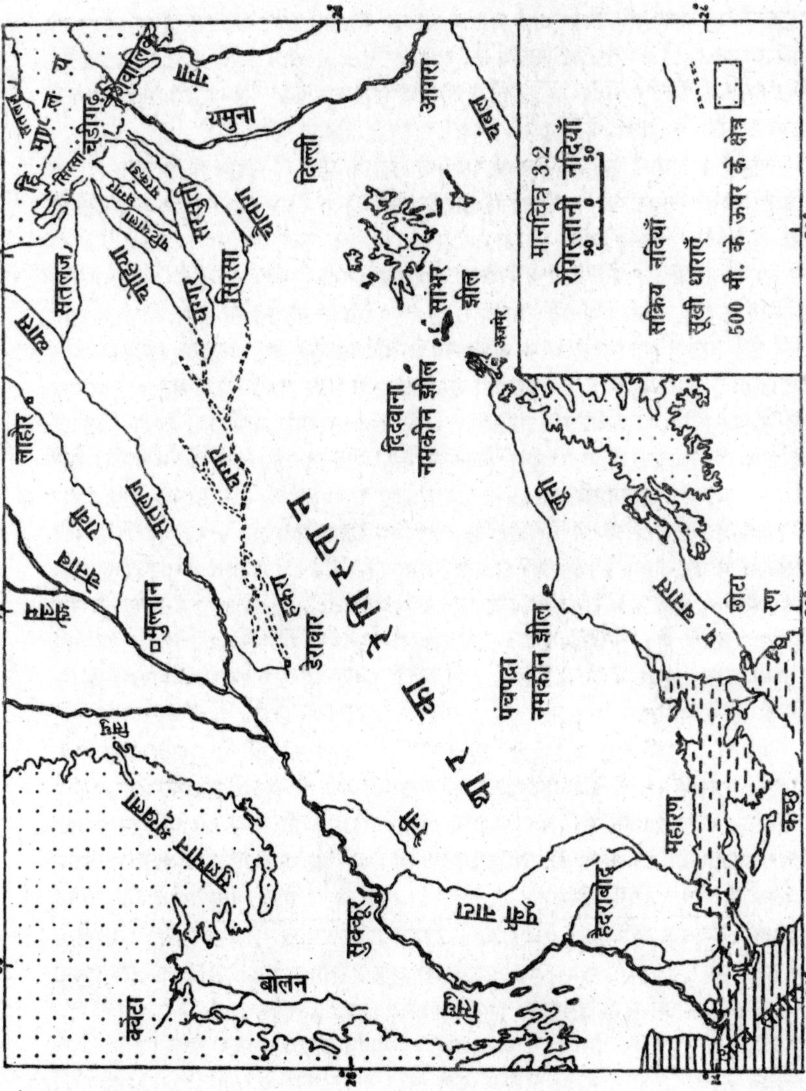
मानचित्र 3.2
रेगिस्तानी नदियाँ
सक्रिय नदियाँ
सूखी धाराएँ
500 मी. के ऊपर के क्षेत्र
यमुना
दिल्ली
आगरा
चंबल
सतलज
सिरसा
सरस्वती
चौतांग
घग्गर
हकरा
डेरावार
सांभर झील
अजमेर
दिवाना
नमकीन झील
पंचपद्रा
नमकीन झील
लूनी
छोटा रण
कच्छ
महारण
हैदराबाद
पूर्वी नारा
सुक्कुर
सिन्धु
बोलन
क्वेटा
मुल्तान
लाहौर
रावी
चिनाब
झेलम
थार का रेगिस्तान

व्यवस्था हमारे यहाँ मौजूद है। वह 10,000 वर्ष पूर्व शुरू हुए भूगर्भीय युग, नूतनतम युग यानी होलोसीन युग की शुरुआत से ही ऐसी बनी हुई है। फिर भी कई बार यह सुझाव दिया जाता रहा है कि इस युग के अन्दर भी गर्म और सर्द या शुष्क और नम काल मौजूद रहे हैं। भारत के सन्दर्भ में ज्यादातर ऐसे अनुमान 19वीं सदी में उठाई गई रेगिस्तान की 'विलीन नदी' की समस्या के रूप में प्रस्तुत किए गए हैं। परन्तु अब इसे सरस्वती नदी के प्रश्न के रूप में अक्सर सूत्रबद्ध किया जाता है।

यह देखा गया है कि सतलज और यमुना नदी के बीच के मैदान में बहनेवाली सभी नदियाँ या तो शिवालिक पहाड़ियों में उदित होती हैं या निम्न हिमालय की ढलानों में और ये नदियाँ अपना जल बारिश के पानी से बने नालों से प्राप्त करती हैं। दो महत्त्वपूर्ण नदियाँ जिनकी ये सभी धाराएँ सहायक बनती हैं, वे हैं—चौतांग और घग्गर। ये दोनों ही थार, यानी पश्चिमी रेगिस्थान के रेस्गितान में पहुँचने से बहुत पहले ही सूख जाती हैं। चौतांग की सूखी धारा हरियाणा से पश्चिम की तरफ चलती हुई राजस्थान तक जाती है और वहाँ जाकर घग्गर की सूखी धारा से मिल जाती हैं। घग्गर की सहायक नदी में सरसुती (सरस्वती) भी शामिल है। यह संयुक्त धारा वहाँ तक दिखाई देती है जहाँ यह पाकिस्तान के बहावलपुर जिले में और पश्चिम की तरफ पहुँचती है। वहाँ पहुँचकर उत्तर से आनेवाली एक अन्य सूखी धारा से मिलने के बाद इसका नाम हकरा हो जाता है। इसी जिले में डेरावार के पास यह धारा नदी के मुहाने की तरह कई शाखाओं में बँट जाती है। सिन्ध की पूर्वी नारा नदी और इसके बीच सम्पर्क देखने का कोई औचित्य नहीं है। सिन्धु के बिल्कुल बगल से पूर्वी नारा, दक्षिण में कच्छ के रण की तरफ बहती है। ऐतिहासिक काल में इसने सिन्धु नदी की बाढ़ का पानी निकालने के लिए धारा का काम किया है और सम्भव है पहले भी यह धारा यही काम करती रही हो (देखे मानचित्र 3.2)

यह तर्क दिया गया है कि घग्गर, हकरा और नारा नदियों की सूखी धाराओं में हमें एक समरूप नदी के चिह्न मिलते हैं जो सरस्वती नदी के रूप में पहचानी जा सकती है। ऋग्वेद की ऋचाओं के आधार पर यह माना जाता है कि सरस्वती उस समय एक 'विशाल नदी' थी जो कच्छ के रण में गिरती थी। यह भी दावा किया गया है कि ऐसा इसलिए होता था क्योंकि सतलज और यमुना बारी बारी से या एक साथ एक समय में इसकी सहायक नदी हुआ करती थीं। उपग्रह (लैंडसैट) से लिए गए चित्रों ने फील्ड सर्वे के आधार पर दिए गए पुराने सुझाव को बल पहुँचाया है कि सतलज और यमुना की मौजूदा धाराओं से कोई पुरानी धारा निकलती थी जो हकरा नदी के जलग्रहण क्षेत्र तक जाती थी। गुरदीप सिंह द्वारा राजस्थान की दीदवाना तथा अन्य नमकीन झीलों के अध्ययन ने यह सुझाया है कि पहले एक अति शुष्क काल था जो 12,000 ई.पू. में समाप्त हो गया था। साथ ही यह भी कहा गया है कि 4420-2230 ई.पू. के बीच एक अर्द्ध-नम काल भी था। इस काल में वर्तमान के मुकाबले मीठे पानी की उपलब्धता इस क्षेत्र में बहुत ज्यादा थी। इस आधार पर यह तर्क भी दिया जाता है कि इससे इस

इलाके में आज के मुकाबले बारिश भी अधिक होती थी। परिणामस्वरूप उस आर्द्रकाल में बारिश का पानी लेकर सरस्वती एक विशाल नदी के रूप में बहा करती थी।

यद्यपि ऐसे दावों के खिलाफ कई अकाट्य आपत्तियाँ मौजूद हैं। 'सरस्वती' (मध्यकालीन और आधुनिक नाम 'सरसुती') प्राचीन काल से दिया गया एक ऐसी छोटी धारा का नाम है जो शिवालिक की ढलान से शुरू होकर हरियाणा में थानेसर के पास से बहती है। यह हिमालय की ऊँचाइयों में शुरू होनेवाली नदियों की तुलना में कभी विशाल नदी नहीं हो सकती है। घग्गर और हकरा की सूखी हुई धाराओं को कहीं भी 'सुरसुती' के नाम से पुकारा भी नहीं जाता। यदि सतलज और यमुना कभी इन धाराओं में बहती भी थी तो वह इन दोनों में से ही कोई एक नदी रही होगी और न कि सरस्वती, जिसका नाम संयुक्त नदी के ऊपर लागू हो सकता था। इसके अलावा आज यमुना अपने पूर्ववर्ती पश्चिमी तट के ऊँची कछारों के मुकाबले इतने गहरे तल से गुजरती है कि इस बात की कोई सम्भावना नहीं है कि कम-से-कम पिछले 10,000 वर्षों में यह घग्गर नदी में बहकर गिरती थी। उपग्रह चित्र से खोजी गई सतलज की वह धारा जो घग्गर में गिरती हुई लगती है, आधुनिक बहाव रेखा के आर-पार इतने सुस्पष्ट ढंग से जाती है कि यह भी सम्भव नहीं है कि सरसुती और घग्गर की वर्तमान बहाव व्यवस्था स्थापित हो जाने क बाद यह सक्रिय रही हो। यदि सिर्फ तर्क के लिए यह मान लिया जाय कि 2230 ई.पू. तक भारी वर्षा के लम्बे दौर लगातार चलते रहे थे (यह एक ऐसी बात है जिसे किसी साधन से स्थापित नहीं किया जा सका है, जैसा कि पचपदरा (pachpadra) के नमक तल पर ऐसे ही अध्ययन में दिखाया गया है) तो इससे इसकी व्याख्या तो हो जाती है कि हकरा की वर्तमान सूखी धारा कैसे बनी थी। परन्तु यह सरस्वती को हिमालय की बर्फीली चोटियों से निकलनेवाली नदियों की श्रेणी में नहीं ले जा सकता (उनसे बड़ी नदी बनाने की तो बात ही छोड़ दीजिए) क्योंकि तब हिमालय से निकलनेवाली नदियाँ भी उसकी तुलना में अपने विशाल जलग्रहण क्षेत्रों से अपेक्षाकृत अधिक जलराशि लेकर बहती होंगी।

हकरा नदी नवपाषाण काल (चौथी सहस्राब्दी ई.पू.) में भी बहावलपुर के डेरावार से आगे पानी लेकर नहीं बहती थी इसका प्रमाण हकरा मृदभांड से सम्बन्धित स्थलों से भी मिलता है। परवर्ती काल में सिन्धु सभ्यता के स्थलों की तरह ही हकरा मृदभांड स्थल, डेरावार के आसपास नदी के मुहाने की शाखाओं पर ही केन्द्रित मिलता है। दूसरे शब्दों में, हकरा नदी में उस समय पानी था, परन्तु वह इतना ही था कि वह बहावलपुर के रेगिस्तान तक पहुँच जाए और वहाँ पहुँचकर यह सूख जाता था।

यह समझने के लिए कि एक समय में पानी इस विलीन नदी में क्यों बहा करती थी, किसी बड़े जलवायु परिवर्तन के बारे में सोचने की जरूरत नहीं है बल्कि यह मनुष्य की अपनी करनी का फल है। मानव ने जंगल और झाड़ियों का जिस तरह सफाया किया उससे मिट्टी में जलधारण करने की शक्ति कम हुई। इससे न केवल नदी के बहाव की स्थिरता कम हो गई वरन मिट्टी काट लेने के कारण नदी जल की अधिक हानि

हुई। इसके अलावा जंगल कम होने के साथ-साथ बारिश भी कम हुई होगी, जैसा कि हमने अध्याय 1.3 में देखा है। अन्ततः, प्रायः पिछले तीन-चार हजार वर्षों में पूर्वी पंजाब और हरियाणा में जल धाराओं और बाढ़ के बहाव के रास्ते में ढेरों बाँध बनाकर सिंचाई के लिए पानी मोड़ा जाता रहा है। इसके परिणामस्वरूप स्वभावतः हकरा में जल आपूर्ति बन्द हो गई होगी। यह सब मिलकर पर्याप्त कारण उपलब्ध कराते हैं कि क्यों आज हकरा में पानी नहीं है और इसके नाम पर बस सूखा तल भर रह गया है।

यहाँ इस चेतावनी का भी जिक्र किया जाना चाहिए कि पुरानी जलधाराएँ, जिन्हें जमीन पर बनी गहरी रेखाओं और बालू के तटों या फिर उपग्रह से लिए चित्रों रेखांकित किया जा सकता है, सभी एक ही साथ अस्तित्व में नहीं रहीं हैं। इसमें से कई अत्यन्त नूतन (प्लीस्टोसीन) युग में बनी होंगी और नूतनतम (होलोसीन) काल तक आते-आते निष्क्रिय हो गई होंगी। अतः इनका उस समस्या से कोई सम्बन्ध नहीं रहा होगा जिसकी चर्चा हम इस टिप्पणी में कर रहे हैं।

जहाँ तक ऋग्वैदिक सरस्वती का प्रश्न है, सबसे उचित समाधान यह लगता है कि जहाँ कहीं भी इसे एक महान नदी के रूप में वर्णन किया गया है वहाँ यह धरती की एक नदी नहीं बल्कि स्वर्ग की नदी या स्वयं देवी सरवती ही नदी के रूप में प्रस्तुत की गई है। एक-दूसरे मत के अनुसार इस सन्दर्भ में इसका अभिप्राय आधुनिक थानेसर के पास बहनेवाली सरसुती नदी से नहीं बल्कि सिन्धु या यहाँ तक कि शायद अफगानिस्तान के अरधनदाव-हेलमंड नदी (अवेस्ता का हरखवैती--सरस्वती, संस्कृत का 'स' अवेस्ता में ह / ख में बदल जाता है) से रहा होगा। कई बार अलग-अलग नदियों को भी एक ही नाम देने की परम्परा देखने को मिलती है। उदाहरण के लिए घग्गर, जिसमें सरसुती नदी जाकर गिरती है की तुलना उत्तर प्रदेश के मैदान में बहनेवाली घाघरा नदी से की जा सकती है, जो हिमालय से निकलनेवाली एक विशाल नदी है। या फिर सिन्धु नदी को लीजिए जिसके नाम पर कश्मीर और मध्य भारत में कई छोटी नदियों का नामकरण हुआ है। ऋग्वेद के परवर्ती भाग में, खासतौर पर दशम मंडल के नदी सूक्त में वर्णित सरस्वती आधुनिक सरसुती से मेल नहीं खाती है, क्योंकि उस सूक्त में इस नदी को यमुना और शुतुद्री या सतलज के बीच में बताया गया है। परन्तु यहाँ इसके विशाल आकार या पवित्रता का भी कोई संकेत नहीं दिया गया है। इतना ही नहीं, अन्यत्र सिन्धु नदी की भी उतनी ही तारीफ की गई है जितनी कि सरस्वती की।

टिप्पणी 3.2
पुस्तक सूची टिप्पणी

वी. गॉर्डन चाइल्ड ने नवपाषाण क्रान्ति से सम्बन्धित अपना सिद्धान्त *मैन मेक्स हिमसेल्फ,* लन्दन, 1936 (अनेकों परवर्ती संस्करण-अध्याय 5 में प्रस्तुत किया है। यह अभी भी पठनीय है क्योंकि यह इस अवधारणा के विरुद्ध प्रस्तुत की गई गई आपत्तियों

का पूर्वानुमान करता है। उनकी पुस्तक *व्हाट हैपेंड इन हिस्ट्री,* पेंगुइन, 1942, अध्याय 3 भी देखें।

इस अध्याय में वर्णित मुद्दों पर सामान्य अध्ययन के लिए देखें ब्रिजेट और रेमंड अलचिन, *द राइज ऑफ सिविलाइजेशन इन इंडिया एंड पाकिस्तान,* भारतीय संस्करण, नई दिल्ली, 1983, खासकर अध्याय 5। इस विषय पर यह अभी भी सबसे अच्छी पुस्तक है। इन्हीं लेखकगणों ने अपने ताजा सर्वे को *ओरिजींस ऑफ ए सिविलाइजेशन,* नई दिल्ली, 1997 में प्रस्तुत किया है, देखें अध्याय 5। दिलीप के. चक्रवर्ती, *इंडिया : एन आर्कियोलोजिकल हिस्ट्री,* नई, 1999, अध्याय 4 और 6 भी देखें। इस काल (तथा समूचे आद्य ऐतिहासिक काल) के लिए एक महत्त्वपूर्ण सन्दर्भ पुस्तक ए. घोष (सं.), *एन इनसाक्लोपीडिया आफ इंडियन आर्कियोलॉजी,* 2 खंड, नई दिल्ली, 1989 है। खंड एक 'विषयों' से सम्बन्धित है और खंड दो पुरातात्विक स्थलों का गजेटियर है। इसका उपयोग करते समय यह ध्यान रखना चाहिए कि इसमें केवल वही बातें बताई गईं हैं जो 1970 के दशक के अन्तिम वर्षों में पुरातत्वशास्त्रियों को ज्ञात थी और इसमें पाकिस्तान और बाँगला देश को शामिल नहीं किया गया है।

जी.एल. पॉशेल की *इंडस एज : द बिगिनिंग्स,* नई दिल्ली, 1999 एक विशद कृति है जिसमें भौगोलिक पृष्ठभूमि, वनस्पति और पशु इतिहास, पश्चिम एशिया से सम्पर्क, तथा बलूचिस्तान और सिन्धु के नवपाषाण संस्कृतियों से सम्बन्धित सभी प्रासंगिक सूचनाओं को एक साथ प्रस्तुत किया गया है। इसके अतिरिक्त इसमें कई सैद्धान्तिक और अन्य बातें शामिल की गई हैं जिससे इसका अध्ययन रोचक हो जाता है। नवीनतम पुस्तकों का सन्दर्भ भी इसमें मिलता है। हमने पश्चिमी नवपाषाण संस्कृतियों, मेहरगढ़ प्रथम से हकरा-मृदभांड चरण तक, के लिए पॉशेल द्वारा दिए गए तिथिक्रम को स्वीकार कर लिया है। हालाँकि विभिन्न स्थलों से प्राप्त कॉर्बन-14 तिथियाँ इतना व्यवस्थित संक्रमण प्रदर्शित नहीं करती हैं जितना कि पॉशेल ने प्रस्तुत किया है। फिर भी वे विभिन्न सांस्कृतिक अवशेषों के अनुक्रम के साथ इसका तालमेल बिठाने की जो कोशिश करते हैं वह सही है। ऐसे ही तालमेल की जरूरत कुछ अन्य स्थलों के लिए भी है जहाँ कुछ रेडियो कॉर्बन तिथियां स्तरों के अनुक्रम के विरुद्ध जाती हैं। कॉर्बन तिथि के लिए पॉशेल की पुस्तक *रेडियो कॉर्बन डेट्स फॉर साउथ एशियन आर्कियोलॉजी,* यूनिवर्सिटी ऑफ पेनसिलवेनिया, पेनसिलवेनिया, 1989, भी देखें।

जी.आर. शर्मा, वी.डी. मिश्रा आदि, *फ्रॉम हंटिंग एंड फूड गैदरिंग टू डोमिस्टिकेशन ऑफ प्लांट्स एंड एनीमल्स...एक्सकेवेशन ऐट चोपानी मांडो, महादहा एंड महागरा,* इलाहाबाद, 1980। यह पुस्तक विंध्य की परवर्ती मध्यपाषाण और नवपाषाण संस्कृति के लिए महत्त्वपूर्ण है। इसकी बस एक अशुद्धि है कि इसने नवपाषाण काल के लिए असम्भव पुरानी तिथि को स्वीकार किया है (इस पर अध्याय 3.4 में चर्चा की गई है)।

भारत के पुरातात्विक स्थलों पर रिपोर्ट का एक प्रमुख श्रोत भारतीय पुरातत्व सर्वेक्षण का वार्षिक प्रकाशन *इंडियन आर्कियोलॉजी : ए रिव्यू* है, जिसका पिछले कई

वर्षों से प्रकाशन अनियमित है। इसमें *मैन एंड इनवायरेनमेंट,* पुणे तथा *पाकिस्तान आर्कियोलॉजी,* कराँची, (अक्सर अनियमित रूप से प्रकाशित) को भी जोड़ लेना चाहिए। *साउथ एशियन आर्कियोलॉजी* के अंकों की भी खासतौर पर सराहना करनी चाहिए। (इसके लिए देखें टिप्पणी 2.2)

सरस्वती नदी से सम्बन्धित समस्याओं पर काफी कुछ लिखा गया है। प्पिणी 3.1 मोटे तौर पर इरफान हबीब, *इमैजनिंग द रीवर सरस्वती : ए डिफेंस ऑफ कॉमनसेंस, सोशल साइंटिस्ट,* खंड XXIX, सं. 1-2, नई दिल्ली, 2001, पृ. 46-74 पर आधारित है। इसमें सभी सन्दर्भ भी मिल जाएँगे।

●●●